Pigeonniers en Midi-Pyrénées

Michel Lucien

massin

Pigeonniers en Midi-Pyrénées

Michel Lucien

Préfaces...

Ce livre, né de la rencontre de deux passionnés, l'un, des pigeonniers, l'autre, de la musique, n'aurait peut-être pu être rédigé sans leur mise en relation avec un troisième, passionné de jazz, Marc Laférierre. Il leur ouvre les portes d'un monde particulier et fascinant, celui des pigeonniers, à découvrir avec ravissement. Très fonctionnels et très organisés intérieurement, les pigeonniers offrent au regard une grande diversité et une richesse architecturale que Michel Lucien, avec compétence, a su expliquer et mettre en valeur.
La plupart sont nés de l'abolissement des privilèges, après la révolution de 1789, et se présentent comme des signes extérieurs de richesse. Ce privilège n'était plus le lot de seigneurs ou de riches abbayes. Tout un chacun, des fermiers toutefois très souvent assez aisés, pouvait faire ériger « son » pigeonnier, même si l'utilité n'en était pas la raison. Il peut donc aussi être considéré comme un signe de liberté et d'égalité.
Michel Lucien, avec patience, curiosité, ténacité et, je dirais, avec amour, a traqué ces bijoux d'architecture au fond de nos campagnes ou de nos villages du Sud-Ouest. Sa moisson est immense, il nous en livre la plus riche part et nous pouvons imaginer ce qui reste à découvrir...
Et si le désir vous vient, ami lecteur, de prendre votre bâton de pèlerin pour aller les admirer *in situ* et vous laisser envoûter, si de surcroît le désir vous vient aussi d'œuvrer pour leur préservation, ce sera pour lui le plus beau remerciement et le plus bel hommage à lui offrir.

Denise Delmouly
Présidente de l'Association Résonances de Vauluisant
Abbaye cistercienne de Vauluisant - Courgenay (89)

C'est en rendant visite à la famille de mon épouse, dans le Gers, que dans les années soixante j'ai été séduit par le charme et la diversité des nombreux pigeonniers des régions que je traversais alors pour la première fois : Limousin, Quercy, Guyenne et Gascogne... Et puis, plus récemment, après un concert près de Caussade, j'ai rencontré Michel Lucien et son épouse, dont les principaux centres d'intérêt sont les pigeonniers et... le jazz ! Y a-t-il un rapport entre les deux ? Toujours est-il que je dois bien reconnaître que, adolescent, j'avais réalisé un fort bel élevage de pigeons paons (ceux qui sont tout blancs et qui font la roue...), pour lesquels j'avais construit de mes mains un pigeonnier en bois d'une vingtaine de niches... et que je jouais du saxophone avec pour modèle Sidney Bechet ! J'ose en déduire que les passions pour la musique de la Nouvelle-Orléans et pour l'habitat des pigeons sont loin d'être incompatibles, peut-être parce que la vocation du voyage est commune à cet oiseau et à cette musique ? Quoi qu'il en soit, nous nous sommes retrouvés, Michel Lucien et moi, autour de Denise Delmouly, elle aussi passionnée de jazz au point d'organiser des concerts chaque été et depuis de nombreuses années, pour découvrir sous sa conduite éclairante le magnifique pigeonnier de Vauluisant, dans l'Yonne, qu'elle aime tant...
Alors, si à deux cela peut être une simple coïncidence, à partir de trois, c'est au moins un club, sinon un lien évident entre le goût du jazz et celui des pigeonniers ! Émerveillez-vous en partant à la découverte des pigeonniers de Midi-Pyrénées, et voyagez à travers les pages du magnifique ouvrage de Michel Lucien qui mérite d'être applaudi... comme un concert de Jazz !

Marc Laferrière

Ce livre n'a pas pour vocation d'être un ouvrage historique, scientifique ou technique sur les pigeonniers. Il veut seulement faire prendre conscience aux promeneurs qu'il y a, dans notre région du Sud-Ouest, mais aussi ailleurs en France, des constructions très anciennes qui, en dépit de l'usure du temps, restent un témoignage de ce que nos anciens ont érigé, afin de tirer quelques revenus de l'élevage naturel du pigeon.
Il a aussi pour but de montrer très simplement les différentes architectures que l'on peut rencontrer, et de prendre connaissance du vocabulaire concernant ces ouvrages.
Je souhaite que le regard porté sur nos pigeonniers après la lecture de ce livre soit toujours un regard d'émerveillement et qu'il suscite le désir de protéger le patrimoine de nos campagnes.
Passionné depuis toujours par ce type de constructions, j'ai accumulé, au cours de mes promenades et de mes randonnées, plusieurs centaines de clichés de ces vestiges du temps passé, à l'architecture riche et variée. C'est ce que je vous propose de découvrir.

Michel Lucien

Nohic (82) : Pigeonnier de type sur arcades entièrement bâti en briques foraines, il fut donné par son ancien propriétaire à la commune qui a réussi une très belle rénovation.

Sommaire

La petite histoire des pigeonniers

TARN-ET-GARONNE (82) : PIGEONNIER SUR PILIERS.

La petite histoire des pigeonniers

• Présents depuis l'Antiquité

En France, si beaucoup de lieux-dits se nomment « Colombier », ils sont là pour rappeler que l'on désignait ainsi, par le passé, une maison ou un hameau sur lequel était érigée une habitation habitée par des coulons, nom ancien du pigeon. Pigeonnier et colombier sont aujourd'hui synonymes, colombier étant le nom réservé par pensée poétique à la colombe. Présent depuis l'Antiquité, le pigeon est très souvent cité au cours de l'Histoire. L'instinct et la volonté qui poussent nos pigeons à revenir vers leur point de départ sont connus et utilisés depuis les premiers temps de la civilisation.

• Un patrimoine culturel

La colombe que Noé a lâchée revient avec un brin d'olivier dans le bec. Les Égyptiens, les Perses, les Chinois et les Grecs utilisaient les pigeons voyageurs comme messagers lors de leurs campagnes guerrières. Les pigeons voyageurs transportèrent des messages au cours des guerres de 1870, 1914-1918 et 1939-1945, et pendant les conflits coloniaux. L'un des plus célèbres pigeons soldats, « Le Vaillant », dernier pigeon du commandant Raynal, défenseur du fort de Vaux (Verdun), obtint une citation à l'Ordre de la nation.

Il était donc indispensable d'édifier des constructions offrant un logement calme, bien exposé et à la nourriture abondante, afin que ses hôtes lui restent fidèles. Parmi les constructions typiques de nos campagnes, il faut bien dire que les pigeonniers retiennent souvent l'attention du simple curieux ou du promeneur amoureux du patrimoine local. L'intérêt que provoque le pigeonnier est toujours vif et mérité.

Il s'agit de tout un mode de vie qui s'est éloigné de nous progressivement, et dont ne restent que quelques bâtiments bien entretenus qui pourront témoigner encore longtemps. Cependant, certains sont, hélas !, laissés à l'abandon ou bien dans un état de ruine ou de délabrement qui ne doit pas nous laisser insensibles. Dominique Letellier, dans son livre *Les pigeonniers de France*, disait : « Il ne faudrait pas que notre civilisation prenne la mauvaise habitude de découvrir trop tard les richesses de notre patrimoine culturel. »

• Le droit de colombier

Privilège seigneurial réservé à la noblesse, surtout dans le nord de la France, c'est, à l'époque, la construction d'édifices raffinés. Tous les châteaux possédaient un ou plusieurs pigeonniers, ainsi que de très nombreuses abbayes et les fermes qui en dépendaient.

Dans le Sud-Ouest, le droit de colombier est appliqué plus librement. Certains propriétaires qui possédaient une surface cultivable suffisante ont érigé leur pigeonnier sans aucune crainte. Simon d'Olive, conseiller au parlement de Toulouse, en 1682, disait : « Il est convenable qu'il soit permis à tout le monde de bâtir des pigeonniers. »

Après la nuit du 4 août 1789, le droit de pigeonnier disparaît avec les privilèges, et les pigeonniers se multiplient. De nombreux propriétaires aux revenus parfois modestes construisirent leur propre pigeonnier, symbole de liberté. Ils devinrent si nombreux qu'une loi fut édictée pour en limiter le nombre. Elle précisera que les pigeons devront rester enfermés durant l'époque des semailles et des moissons. Tout pigeon laissé en liberté durant cette période sera considéré comme gibier et pourra être chassé.

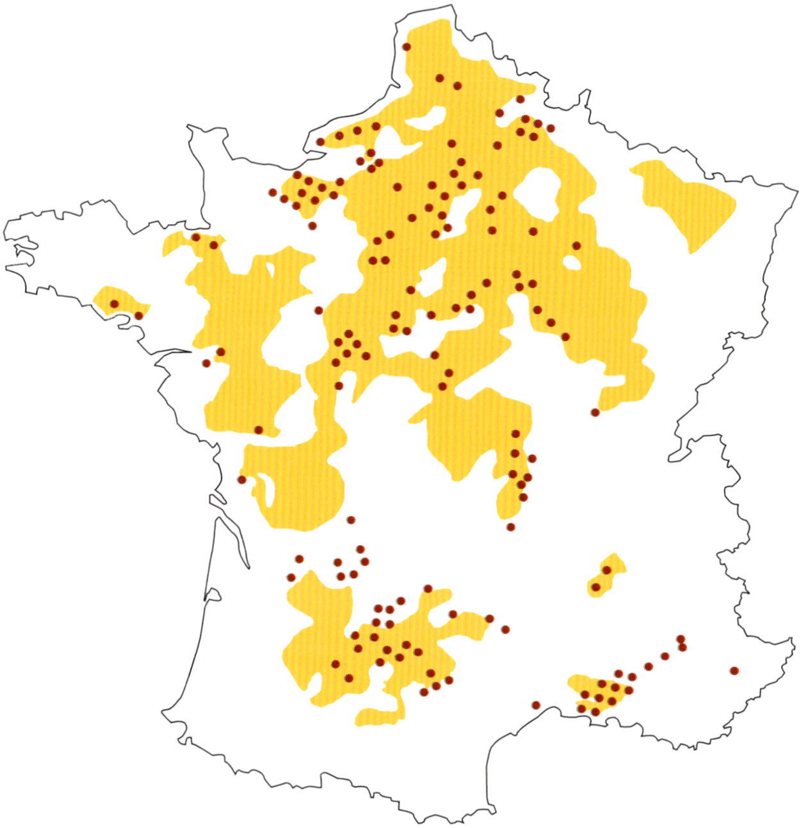

Étude d'après Klatzmam montrant la concordance entre la culture du blé et la répartition des pigeonniers.

- Pigeonnier
- Culture du blé

• L'implantation physique des pigeonniers

L'implantation des pigeonniers est liée aux possibilités d'alimentation naturelle du pigeon. D'anciens auteurs précisent que le colombier doit être situé à proximité des cultures de blé, qui assurent la nourriture de ses hôtes. On constate aisément que les pigeonniers sont nombreux dans les régions où la céréale est toujours abondante.

Source de revenus pour sa chair d'une part, et par la colombine (fiente du pigeon utilisée comme engrais) d'autre part, son élevage va décroître, au XIXe siècle, sous l'effet simultané de l'exode rural et de l'adoption d'engrais chimiques. Viollet-Le-Duc, dans son *Dictionnaire raisonné de l'architecture française du XIe au XVIe siècle*, donnait comme définition du pigeonnier : « Bâtiment destiné à contenir des troupes de pigeons afin de leur permettre de pondre et de couver des œufs à l'abri des intempéries. »

De plus, ces pigeonniers devaient apporter tranquillité et sécurité à leurs hôtes et leur implantation faciliter le contrôle d'éventuelles incursions de prédateurs.

Caylus (82) : Une vue de la commune entourée d'une dizaine de pigeonniers dont on voit ici quelques exemples.

1- Montans (81) : Toiture en tuiles plates composée d'un lanternon rehaussé et de deux lucarnes avec fronton de type « chien assis ». Ensemble agrémenté de trois épis de faîtage représentant des pigeons.
2- L'Isle-sur-Tarn (81) : Détail des arcades du pigeonnier du château de Lastours. Construction typique en briques foraines de Midi-Pyrénées.

Une architecture variée à l'infini

Il était dit : « Dans le nord de la France, les colombiers sont généralement bâtis en forme de tour cylindrique avec toit conique. Dans le Languedoc, la disposition habituelle d'un colombier est celle d'un bâtiment carré couronné par un toit à une seule pente avec abri ; on en trouve un grand nombre dans les environs de Toulouse et de Montauban. » Notre livre montrera la diversité des pigeonniers de notre région, car la variété des pigeonniers qui est offerte aux yeux des promeneurs ne se cantonne pas seulement à des formes rondes ou carrées. L'architecture des pigeonniers est variée à l'infini. C'est tout le charme de ces petits édifices, où l'imagination du bâtisseur s'est donné libre cours, tout en employant les matériaux généralement en usage dans la région, permettant ainsi de respecter la tradition du terroir.
On trouve donc de la maçonnerie enduite de mortier de chaux ou de plâtre, de la brique crue ou de la brique foraine du Sud-Ouest, de la pierre de taille, de la pierre sèche, ainsi que du bois composant colombage et pisé.
- Briques, pierres et silex en Normandie
- Briques et galets dans la région de Toulouse
- Pierre de taille dans le centre et dans le nord de la France
- Pans de bois et colombages en Normandie, ainsi que dans le Sud-Ouest

La couverture des pigeonniers trouve la même diversité : ardoises, tuiles, pierres plates, lauzes, comme sur les gariottes. Les toits sont parfois surmontés d'un lanternon ou bien d'un clocheton. Ceux-ci servent plus à la décoration qu'au passage des pigeons, qui entrent ou sortent par des trous percés dans la plaque en bois d'une lucarne, ou d'une grille d'envol.
Les trous d'envol sont toujours de petite dimension, interdisant ainsi l'entrée à tout autre oiseau (épervier, faucon ou chouette). Contre les animaux grimpeurs (rat, belette, fouine, putois ou loir), des corniches ou des cordons de brique en saillie ceinturent le pigeonnier. On trouve très souvent des carreaux de terre cuite vernissée, d'un beau vert, appelés randières, ou des bandes métalliques en zinc qui interdisent l'ascension des nuisibles.
À l'intérieur des pigeonniers les plus élaborés, les parois du logement sont évidées d'alvéoles juxtaposés appelés boulins. Ce terme est utilisé pour les trous carrés que l'on voit sur les murs des anciennes constructions, dans lesquels étaient insérées les poutres servant d'échafaudage. On y trouve aussi des briques et d'autres éléments en terre cuite empilés les uns sur les autres, des pots de terre garnis de paille accrochés au mur, ou bien des paniers en vannerie faits d'osier ou de noisetier refendu.
Certains grands pigeonniers, de forme cylindrique ou octogonale, possèdent une échelle tournante qui sert à accéder aux nids, ce qui permet de récupérer œufs ou jeunes pigeons et, bien sûr, de les nettoyer. Un axe vertical placé au milieu du pigeonnier possédait deux pièces de bois horizontales, sur lesquelles venaient se fixer une ou deux échelles de bois qui permettaient, en tournant, d'accéder plus facilement aux boulins ou aux nids. Ces boulins pouvaient atteindre 2 600 nids, comme celui de la Bergerie nationale de Rambouillet, mais les pigeonniers plus modestes en possédaient entre 80 et 100.
Dans notre région de Midi-Pyrénées, on peut citer le pigeonnier de Montgeard (850), ceux de Montauban (500) et de Marsac (600), mais aussi un très remarquable comme celui d'Assier, dans le Lot, avec 2 300 boulins en poterie.
Les pigeonniers doivent être construits dans des endroits calmes, bien exposés, et protégés du vent. Leurs formes minces ou imposantes peuvent être rondes, carrées ou polygonales, reposant sur des arcades ou bien des piliers de pierre ou de bois.

1

2

Classification des pigeonniers en Midi-Pyrénées

À une certaine époque, les pigeonniers furent construits au milieu des champs. La raison de ce choix était de localiser les pigeons au milieu des terres de la propriété. En utilisant le rez-de-chaussée du bâtiment, on pouvait ainsi abriter le matériel agricole et protéger les personnes et les animaux venus travailler les champs. Cet endroit servait aussi de gîte, pour se restaurer ou prendre du repos.
Par la suite, les pigeonniers furent de plus en plus construits dans l'enceinte de la ferme, allant même jusqu'à s'intégrer dans l'habitation principale. Certains prenant même l'aspect d'un petit château, par l'incorporation, à chaque aile du bâtiment, d'un pigeonnier-tour.
Ils étaient généralement construits avec soin et originalité. On vit alors s'ériger de très belles constructions, qui démontrent la maîtrise par nos aïeux de la valorisation du bâtiment et des divers matériaux qui le composent. L'utilisation des matériaux locaux évitant toute difficulté d'approvisionnement.

• Les pigeonniers attenants aux bâtiments
Ces pigeonniers sont les mieux conservés. Ils deviennent très importants, par l'adjonction d'une tour intégrée, ronde ou carrée, ou bien d'une tourelle située au milieu de l'habitation, au-dessus de l'entrée. L'envol se fait par une simple lucarne sur le toit ou par quelques trous percés dans une pierre monolithe.

• Les pigeonniers isolés
Souvent détachés des autres bâtiments de la ferme, on les retrouve au milieu de la cour, ou bien isolés au milieu des champs. Dans ce dernier cas, les pigeonniers sont souvent les moins bien conservés, victimes de l'oubli et de la mécanisation de l'agriculture.

La classification suivante n'est pas une règle absolue, mais le résultat d'une analyse faisant suite à de nombreux déplacements, à de nombreuses visites et à nombre de photos de pigeonniers, ainsi que de la consultation de documents sur ces constructions.

• Les pigeonniers isolés ou indépendants
- Pigeonnier « pied de mulet »
- Pigeonnier sur arcades
- Pigeonnier sur piliers
- Pigeonnier tour cylindrique
- Pigeonnier tour polygonale
- Pigeonnier tour carrée

• Les pigeonniers intégrés ou accolés
- Pigeonnier sous combles ou grenier
- Pigeonnier-balet (balcon)
- Pigeonnier-porche
- Pigeonnier-tourelle
- Pigeonnier-tour intégré à l'habitation

• Autres types de pigeonniers (spécifiques du Sud-Ouest)
- Pigeonnier de type Saint-Sulpice
- Pigeonnier de type gaillacois
- Pigeonnier de type castrais
- Pigeonnier de type gascon
- Pigeonnier gariotte, cazelle

Andillac (81) : Dans le vignoble gaillacois, pigeonnier tour carrée typique de cette région du Tarn. Construction en pierre calcaire blanche coiffée d'une toiture pyramidale bordée d'une double génoise.

L'architecture des pigeonniers

Termes d'architecture sur les pigeonniers

Arc de décharge
Arc disposé dans le mur au-dessus d'un linteau pour l'alléger partiellement du poids du mur qu'il supporte.

Arc outrepassé
Arc en fer à cheval dont la courbe dépasse celle du demi-cercle, le diamètre de l'arc étant plus large que l'espace entre les piliers qui le soutiennent.

Arêtier
Élément de couverture couvrant un angle saillant, généralement en tuile canal.

Boulin
Nid du pigeon, en pierre, osier tressé ou trou bâti dans un mur. Que de nids pour ce volatile ; de la pierre, de la brique, vannerie et poterie font de cet élément un des plus attachants, car source de vie.

Brique foraine
Brique de terre cuite de dimension 42 x 28 x 3,5 à 4 cm très répandue en région toulousaine.

Capel
Demi-boule en pierre renversée, posée sur les piliers servant à protéger le pigeonnier des prédateurs, parfois rehaussée d'un chapiteau.

Chapiteau
Pierre de forme carrée ou ronde située entre le pilier et la base du pigeonnier.

Charpente
Pièce majeure du pigeonnier dont la beauté provient de la complexité de l'ouvrage et c'est un ravissement de voir ces vieilles fermes, pannes et autres faitières s'entrecroiser pour le maintien de la toiture.

Clocheton
Comme le lanternon, il a une base carrée, mais il est très élancé et pointu, rappelant le clocher d'une église.

Colombage
Système de charpente en pans de bois dont les vides sont remplis de terre, torchis, briques ou pierres, etc.

Échelle tournante
Solution idéale pour attraper les pigeonneaux, quand les colombiers ou certains pigeonniers possèdent des milliers de nids.

Enrayure
Ensemble des pièces horizontales assemblées pour maintenir la charpente d'un toit. Il peut y avoir plusieurs enrayures l'une en dessous de l'autre.

Épi de faîtage
Ornement en métal, céramique ou terre cuite, décorant le sommet d'un toit. Pièce d'une rare recherche créative, de 20 cm à près de 2 m. Les sculpteurs et potiers ont créé de véritables œuvres d'art.

Fuie
Petit colombier, petit pigeonnier, monté sur pilotis.

Génoise
Rangée de tuiles canal formant une corniche sous le toit. Peut être composée de plusieurs rangs.

Grille d'envol
En bois, en plâtre, en pierre ou en brique, ces grilles sont percées de trous aux formes diverses pour permettre le passage du pigeon.

Épi de faîtage
Arêtier en tuile canal
Couverture en tuile plate
Fronton
Lucarne
Génoise en tuile canal
Grilles d'envol
Randière servant aussi
de plage d'envol
Arc de décharge
Accès au pigeonnier
Poutres en chêne
Chapiteau
Capel
Pilier en pierre

1- **Caussade (82) :** Le clocher de l'église domine un pigeonnier-tourelle à colombages avec son clocheton.
2- Pigeonnier de **Lalbenque (46)**.
3- **Valence-d'Agen (82) :** Vestiges d'un superbe pigeonnier sur sept piliers.
4- Détail d'un pilier avec son capel et son chapiteau.
5- Faîtage du pigeonnier de l'aire du **Bois-de-Doure (82)**. Autoroute A20.
6- Colombier du château de Cas, **Saint-Antonin-Noble-Val (82)**.

Lanterneau
Construction en forme de lanterne située au sommet du toit, de forme souvent circulaire et sommet en dôme avec épi de faîtage.

Lanternon
Construction basse généralement de base carrée ou rectangulaire, placée au sommet du toit et percée de trous servant au passage des pigeons.

Larmier
Corniche tournée vers le bas en tuile canal servant de gouttière et de protection contre les nuisibles.

Lauze
Pierre calcaire plate pour couvrir les toits.

Lucarne
Ouvrage construit sur un toit permettant de donner de la lumière dans le pigeonnier, et percé de trous pour le passage des pigeons. Parfois un fronton sculpté rehausse la lucarne.

Matériaux
Pierre, brique, ardoise ou tuile, colombages en torchis et pan de bois, on utilise la matière locale.

Monolithe
Qui est formé d'une seule pierre. De forme carrée ou rectangulaire, elle est percée de trous pour le passage du pigeon.

Œil-de-bœuf
Lucarne dont la fenêtre est circulaire ou parfois, ovale.

Pisé
Mélange de terre, de cailloux et parfois mêlée de paille, utilisé comme matériau de remplissage d'un colombage.

Plage d'envol
Corniche en pierre ou en bois qui sert d'avancée extérieure devant la grille d'envol où se posent les pigeons. Quand il arrive, le pigeon en fait le tour pour vérifier que rien ne l'empêche de rentrer dans son pigeonnier, c'est aussi le théâtre des scènes de roucoulement du couple.

Potence
Échelle tournante pour nettoyer les nids et ramasser les pigeonneaux.

Ramier
Nom donné à deux espèces de pigeons sauvages.

Randière
Petits carreaux vernissés, corniche débordante en saillie, en brique ou en pierre, pour empêcher les rongeurs de grimper. Véritable barrage contre les prédateurs afin de protéger le pigeon de ces rats, belettes, fouines et autres nuisibles.

Ressaut
Passage brusque d'un plan incliné à un autre (type pied de mulet)

Toiture
Lanternon, lanterneau, clocheton, à une pente, à pentes doubles ou opposées, c'est l'inventivité et le rêve du propriétaire qui en font la curiosité et tout le charme.

Torchis
Matériau de terre et chaumes mélangés, utilisés à l'état brut.

Tuf
Pierre de couleur grise, formée d'agrégat de cendres volcaniques.

Tuile canal
Tuile longue en arc de cercle – auparavant elles étaient moulées sur la cuisse du potier.

Les charpentes

Quand on entre dans un pigeonnier, on est attiré par la beauté de la charpente. Les compagnons ont utilisé tout leur savoir et leur habileté pour créer des éléments en fonction des nombreuses formes de toitures. Une charpente dite traditionnelle est constituée de fermes, de pannes et de chevrons. Une ferme est composée par l'assemblage de plusieurs pièces de bois massif : arbalétriers, poinçon et contre-fiches.
Souvent on rencontre un élément dit « enrayure ». Il s'agit d'un ensemble de pièces horizontales permettant de constituer des toitures de pigeonniers type clocheton ou pyramidales.
Élément essentiel du pigeonnier, il est malheureusement trop souvent abîmé par l'eau de ruissellement et victime du manque d'entretien de la couverture. Et c'est ainsi que nombre de pigeonniers tombent en ruine.

1

1- Charpente d'un pigeonnier polygonal à double enrayure à goussets. On aperçoit la double échelle tournante.

2- **Caylus (82) :** Charpente d'un pigeonnier tour carrée. Cette vue en contre-plongée montre l'ensemble de la toiture et sa lucarne d'envol.

3- Charpentes rénovées d'un pigeonnier et de son lanternon.

4- Charpente d'un pigeonnier rond (ancien moulin).

5- Charpente 4 pentes ; une effraie, ou dame blanche, est posée sur la traverse.

2

3

4

5

L'échelle tournante

L'échelle tournante : arbre vertical muni de deux pivots de fer à chacune de ses extrémités et formant un axe auquel est accrochée une échelle (parfois deux). Ainsi, cet arbre, muni de son échelle, permettait aux gens de la ferme, en pivotant, de visiter facilement tous les boulins, afin de les nettoyer et d'attraper les œufs et les pigeonneaux.

1

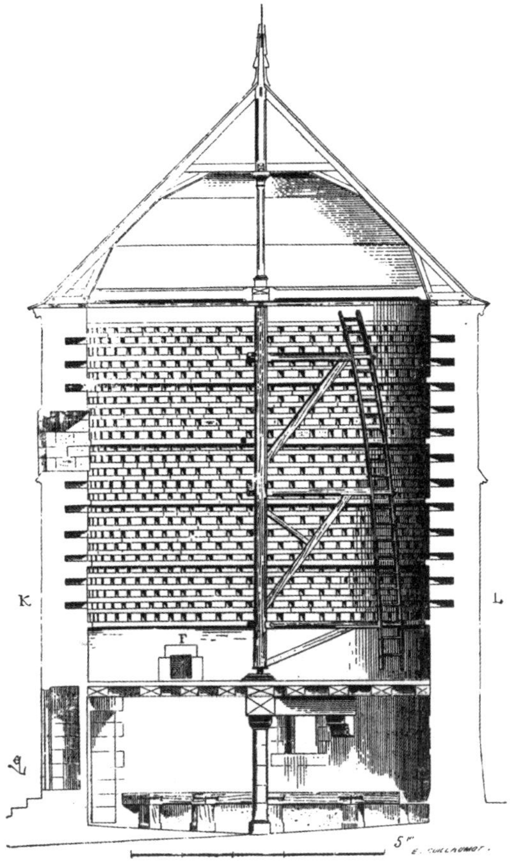

2

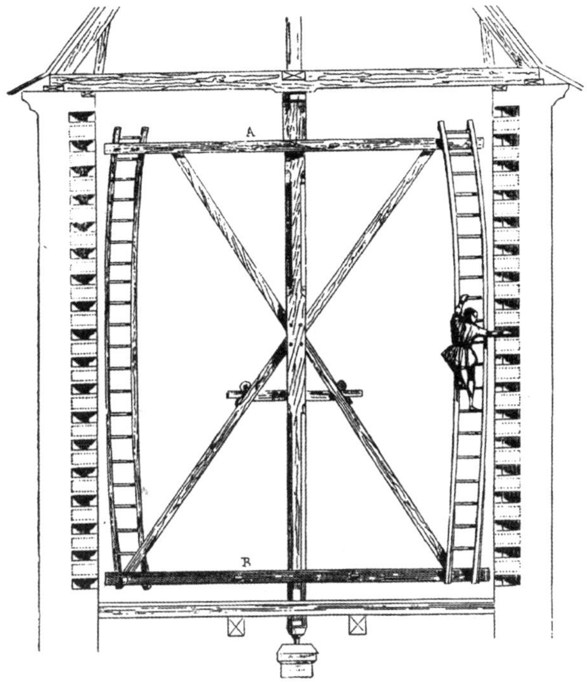

3

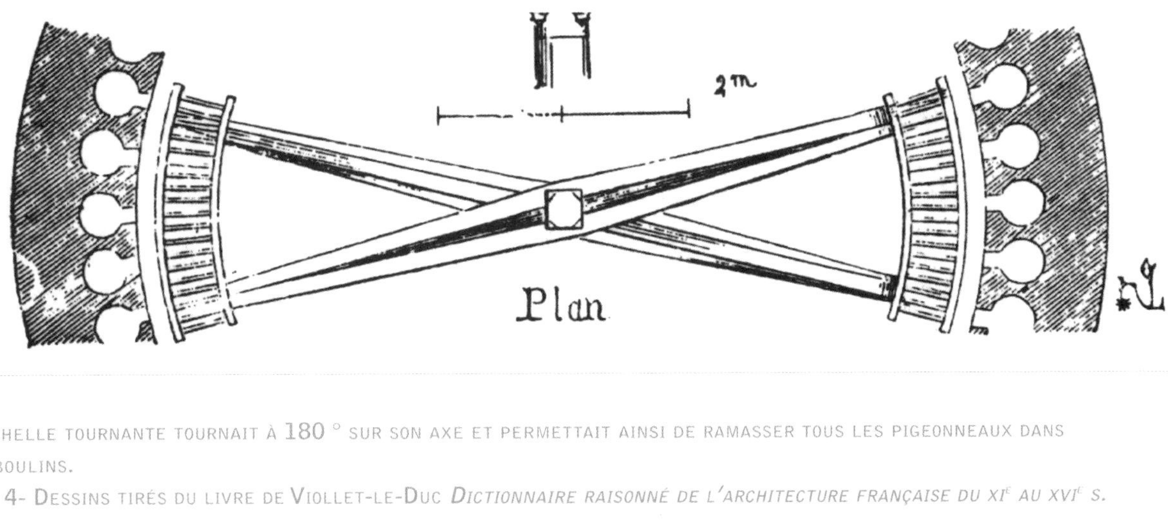

4

1- L'échelle tournante tournait à 180 ° sur son axe et permettait ainsi de ramasser tous les pigeonneaux dans leurs boulins.

2, 3 et 4- Dessins tirés du livre de Viollet-le-Duc *Dictionnaire raisonné de l'architecture française du XIe au XVIe s.*

1- Sur cette photo prise à l'intérieur du pigeonnier de l'écomusée de Lombers (81), nous trouvons quatre sortes de nichoirs. Les boulins sont tressés en osier, les poteries sont noyées dans le mur, les cases sont faites de briquettes plates en carrés et de nichoirs en maçonnerie sur brique foraine.

Les boulins et nichoirs

Au départ, « boulin » désignait le trou carré dans lequel on insérait le bout d'une poutre servant à monter un échafaudage. Dans l'architecture des pigeonniers, on désigne sous ce nom toutes les sortes de nids installés pour la couvaison. Le plus classique étant le panier en osier tressé de 25 cm de diamètre, maintenu contre le mur avec des clous. On retrouve ensuite les cases faites en planches, briques, tuiles canal, poteries, vases qui toutes, hormis les planches, peuvent être intégrées dans le mur.
Le boulin était également représentatif de la superficie de la propriété où était érigé le pigeonnier, car il était recommandé de construire deux boulins par hectare de terre. Ce qui veut dire qu'un pigeonnier possédant 500 boulins se trouvait sur une propriété de 250 hectares. Tout cela dans le but de réguler le nombre de pigeons se nourrissant des cultures de la propriété.

1

2

3

4

5

6

2- Boulins en osier tressé. Des crochets plantés dans le mur sont utilisés pour maintenir les nichoirs en place.
3 - Boulin en poterie sans fond, fixé à un crochet par l'intermédiaire d'une corde passant dans deux anses.
4- **L'Isle-Jourdain (32) :** Les nichoirs sont faits de potiches en terre cuite qui sont encastrées dans un mur en brique crue. Entre chaque rangée, une bordure en brique protège le pigeon des déjections de son voisin du dessus.
5- **Pommevic (82) :** Il s'agit d'un assemblage de briques foraines, bâti sur chant, avec une partie en demi-lune, pour l'entrée, l'autre partie pleine cachant la chambre. Chaque rangée est séparée par une rangée de briques foraines.
6- Montgeard (31) : Bâtis en briques foraines à plat ; on dénombre dans ce pigeonnier environ 850 boulins. Chaque rangée est séparée par une bordure de protection.

Les toitures

1- **L'Isle-Jourdain (32) :** Récemment rénové, ce très beau pigeonnier à arcades sur piliers massifs présente les différentes pièces d'architecture que l'on trouve sur les pigeonniers. Randière en céramique, double randière en briques plates en débordement, protection sur les piliers, toiture 4 pentes se terminant par une belle génoise. Toit avec lanternon, grille d'envol, lucarne et son fronton, ainsi qu'un très bel épi de faîtage.

2- Double pente en tuiles romanes et canal.

3- Octogonale en tuiles plates et lanternon.

4- Pyramidale en tuiles plates.

5- Quatre pentes en tuiles plates, lanternon, lucarne.

6- Dôme en briques foraines et lanterneaux.

7- Circulaire en ardoise et clocheton.

8- Pyramidal en tuiles plates, lucarne et fronton.

9- Circulaire en lauze et clocheton.

1

2

3

4

5

6

7

8

9

1- Cayriech (82) : Pigeonnier tour carrée en pierre calcaire du Quercy. Accolé au corps d'une ferme, il présente une toiture pyramidale avec une couverte de tuiles plates et des arêtiers en tuiles canal.

1

2- **Ordizan (65)** : Pigeonnier heptagonal des années 1900. Il présente une toiture d'ardoises. Des cordes actionnées depuis le bas permettaient l'ouverture des trappes d'envol. Restauré recemment.

2

1- Belle randière en pierre de taille et en saillie permettant aux pigeons de se reposer, mais aussi de prendre leur envol.
2- Sur ce détail du pilier, on voit l'impossibilité, pour les rongeurs (rat, fouine, belette), d'accéder au pigeonnier.
3- Randière, en carreaux de céramique, multicolore, sur pigeonnier en brique crue.
4- Randière double en pierre, sur les piliers d'un pigeonnier octogonal.
5- Randière double en pierre débordante, inclinée sur la caisse et les piliers.

Les randières

Pour lutter contre l'ascension des prédateurs dans les pigeonniers, des moyens de défense simples ou ingénieux furent trouvés, adaptés à l'architecture du bâtiment.
Des corniches saillantes ou à rebords font le tour du pigeonnier et c'est ainsi que l'on voit apparaître divers matériaux comme la brique simple ou multiple en encorbellement, plaques d'ardoises à plat ou inclinées, dalles de grès évidées ou bien des bandes de métal comme le zinc ou la tôle. Dans de nombreux cas, la bande de carreaux vernissée, de couleur jaune ou verte, vient en complément des autres protections.
Les pigeonniers sur piliers possèdent leur spécificité avec leurs piliers surmontés d'un champignon appelé « capel », véritable rempart contre les nuisibles que sont les loirs, les surmulots et autres lérots.

1

2

3

4

5

1

2

3

1- Randière plage d'envol en pierre plate, en débordement. Pigeonnier en pierre de taille.
2- Randière en pierre plate débordante et céramique orange, sur pigeonnier en pierre.
3- Randière en briques arrondies en débordement, sur un pigeonnier en briques foraines.
4- Randière en briques foraines en débordement, en saillie, sur pigeonnier en briques foraines.

4

Les clochetons, lanternons et lanternaux

1- **Cajarc (46)**: Pigeonnier tour ronde en pierre calcaire ocre, toiture en lauze surmontée d'un étrange faîtage. Petite construction en briques foraines avec trous d'envols en triangle faits de briques plates.
2, 3, 4, 5 - Clochetons : hexagonal, en ardoise, carré en tuiles plates, rond en ardoise, carré en ardoise.
6, 7- Lanternons de base carrée, couverture en tuiles plates et leur épi de faîtage.
8,9 - Lanterneaux des deux pigeonniers cylindriques de **Carbonne (31)**.

1

2

3

4

5

6

7

8

9

1- **Graulhet (81)** : Toiture agrémentée de sept épis de faîtage en terre brune de type « quille », dont une supporte un pigeon.
2- Épi de faîtage en plomb datant du XVIIe siècle, qui évoque une bécasse.
3- Grand épi en deux parties, vernissé vert-brun, quatre anses de forme balustre ornent la partie centrale.
4- Pigeon aux ailes relevées, vernissé vert-jaune clair.
5- Grand épi, vernissé vert, en quatre parties et dont l'une est ornée de quatre têtes de dragon.

Les épis de faîtage

L'épi de faîtage est un élément d'architecture destiné à protéger la poutre maîtresse de la charpente d'un toit à quatre pentes. Cet élément en bois recevait une protection de zinc ou de plomb, mais, afin d'embellir le sommet du toit du pigeonnier, on coiffait la partie de bois qui sortait de la couverture de tuile par un épi vernissé. Certains épis de faîtage sont très élaborés ; ce sont des pièces exceptionnelles par leurs dimensions et leur ancienneté. Certaines datent du XVIe et du XVIIe siècle. En Midi-Pyrénées, ce sont des pièces essentiellement en terre cuite vernissée. Des communes comme Esperce (31) ou Giroussens (81) étaient connues pour leurs réalisations.

1

2

3

4

5

1

2

3

4

5

1- Épi tourné, embase cylindrique dont les quatre anses portent à leur sommet un oiseau marquant les points cardinaux.

2- Pigeon posé dans un cœur terminé à chaque extrémité par une crossette. Glaçure brun verdâtre en terre.

3- Épi avec un élément central à huit anses verticales dont quatre portent un oiseau indiquant la direction des quatre points cardinaux.

4- Fleur de lys sur trois plans verticaux, glaçure verte.

5- Grand épi de type « carrousel » à trois étages de pigeons.

1- Double grille d'envol en bois.
2- **La Lande (82)** : Tourelle du pigeonnier. On distingue très bien les trois randières en pierre sèche, les deux grilles d'envol en pierre monolithe et une plaque d'envol en bois, sur un toit en tuiles plates de type clocheton.

Les grilles, lucarnes, pierres et plages d'envol

Le passage des pigeons s'effectue par des ouvertures à leur taille, d'environ 10 cm. Les passages sont ronds, carrés ou en demi-lune. Ces orifices les protègent ainsi des rapaces, tels que faucons et éperviers, d'une taille supérieure à celle des pigeons. Souvent très décoratives et de réalisation soignée, ces grilles d'envol utilisent divers matériaux comme la simple plaque de bois percée, mais aussi la pierre monolithe en grès offrant ainsi un bel élément de décoration. Le nombre de trous de sortie varie en fonction de l'importance du nombre de pigeons, car dès leur départ du pigeonnier, il faut que le groupe puisse sortir rapidement. Ainsi, nous rencontrons des grilles d'envol avec 4 orifices, mais aussi 10 ou 15, allant même pour certains pigeonniers du Tarn à 36 et jusqu'à 54, à Sainte-Cécile d'Aves, près de Gaillac.

1

2

Les grilles, lucarnes, pierres et plages d'envol

1- Lucarne et trous d'envol.
2- Pierre d'envol monolithe.
3- Grille d'envol en bois.
4- Grille d'envol de type œil-de-bœuf.

1

2

3

4

5- Lucarne et grille d'envol.
6- Double lucarne et sa plage d'envol.
7- Lucarne avec plage d'envol.
8- Lucarne en arcade.

1- Briques rouges.
2- Briques pleines et briquettes.
3- Galets, pierres et briques.
4- Pierres sèches et moellons.
5- Enduit sur briques.
6- Pierres calcaires plates.

Les colombages

Le colombage, ou corrondage, est constitué par une ossature de bois dont les vides sont remplis de galets, de briques de terre crue, de pierres, de briques foraines ou de torchis hourdés au plâtre ou au mortier.

1

2

3

4

5

6

1- **Larroque-Toirac (46) :** Pigeonnier à colombage fait de pans de bois croisés et de pierre calcaire ocre de Bouriane. Toiture en tuiles plates avec un petit épi de faîtage. Piliers en pierre terminés par deux pierres posées en encorbellement.
2- **Lavaur (81) :** Pigeonnier avec un remarquable colombage à damiers reposant sur de hauts piliers ronds en brique moulée. Toiture quatre pentes, avec une grosse céramique tout en haut et une plus petite sur chaque lucarne.

1

3- **Graulhet (81)** : Il est l'exemple typique du pigeonnier sur piliers, avec son colombage et ses multiples pans de bois dans lesquels les espaces sont remplis de fines briquettes superposées. La partie supérieure est de type « pied de mulet ». La toiture possède 7 pinacles représentés par des quilles et un pigeon. On remarque la randière inferieure rehaussée d'une génoise et la contremarche, percée d'orifices de sortie.

2

3

Les matériaux

Que ce soit de la brique foraine, ou toulousaine avec briquette et pan de bois, ou bien mélange de brique et de moellons calcaires, ou encore tuiles canal, plates, pierre de taille ou de calcaire, les matériaux sont issus de la région. On trouve en outre de nombreux pigeonniers dont les caisses ou les murs sont recouverts de chaux, afin de les protéger des intempéries.

Typologie des pigeonniers

1- **Rocamadour (46) :** Implanté au flanc de la falaise qui fait face à la cité, ce pigeonnier datant du XVIe siècle marque fortement le paysage. Édifice typique des paysages quercynois classé « monument historique ». Bâti en pierre sèche du Causse et en lauzes pour la toiture, il possède en outre une randière faite d'une corniche moulurée en quart de rond.

2- **Saint-Pierre-Toirac (46) :** Pigeonnier tour ronde en pierres calcaires jointées. Toiture conique recouverte de lauzes et surmontée d'un genre de lanternon typique du pays de Cajarc. Sorte de maisonnette avec un toit de tuiles plates et un large trou d'envol.

Le pigeonnier tour ronde

Variante des pigeonniers circulaires recouverts d'un dôme, ces pigeonniers ronds se différencient par la grande diversité de leurs toits. Pyramidal, hexagonal, semi-plat, avec clocheton ou lanternon, conique à 4 ou 6 pans, agrémenté d'une lucarne. Constructions en pierre calcaire, toit en tuiles plates, en ardoise ou en lauze.

1

2

Le pigeonnier
tour ronde

1- **Saint-Pierre-de-Conils (81)** : Pigeonnier tour ronde avec toit conique en ardoise surmonté d'un clocheton de type castrais. Randière circulaire en pierre plate, pierre monolithe d'envol.

2- **Beauregard (46) :** Pigeonnier tour ronde du causse du Lot en pierre sèche et toiture en lauze. Au sommet une pierre plate horizontale posée sur trois pierres verticales permet le passage des volatiles.

3- **Saint-Sardos (82) :** Ancien moulin à vent puis pigeonnier au XVIIe siècle, toiture octogonale recouverte de tuiles en terre cuite de type « écaille », construction en brique foraine. Épi de type girouette représentant un cavalier.

1

2

3

Le pigeonnier
tour ronde

1- **Puylaroque (82)** : Toit circulaire et à 4 pentes, lucarne avec fronton, randière en pierre de taille à plat.

2- **Begoux (46) :** Construit en pierres sèches, toit circulaire en tuiles canal surmonté d'un lanterneau.

3- **Caylus (82) :** Pigeonnier en pierre calcaire blanche du Quercy, toit cylindrique en lauze surmonté d'un clocheton à double pente.

1

2

3

Le pigeonnier
tour ronde

1- Cahuzac-sur-Vère (81) : Pigeonnier tour ronde en pierre blanche avec toiture de type pied de mulet. Petite grille d'envol aux trous d'envol de différentes grosseurs laissant l'accès à toutes sortes d'oiseaux, du pigeon au moineau et autre petit volatile.

2- Lombers (81) : Pigeonnier tour ronde en pierre de taille récemment rénové, toit en tuiles canal légèrement conique, avec un épi de faîtage en forme de pomme de pin, très belle randière en céramique permettant une protection efficace contre les prédateurs. Il domine une combe, ce qui indique que sa fonction première était d'être un moulin à vent.

3- Toulouse (31) : Pigeonnier tour ronde de La Flambère, près de l'hôpital Purpan ; cet ancien moulin à vent, construit en briques foraines, date de 1664. Son toit octogonal recouvert de briques plates possède quatre lucarnes ornées d'un fronton. On remarque sa double randière à la jointure du toit.

1

2

3

1- **Lavaurette (82) :** Ancien moulin rénové en pigeonnier tour ronde, toit octogonal et arêtier en tuiles canal, une seule lucarne avec son fronton, randière en zinc, grille d'envol et bel épi de faîtage.

2- **Ox (31) :** Pigeonnier tour ronde en briques foraines, toit conique recouvert de tuiles plates avec une belle génoise et un lanternon. Triple randière en brique plate en saillie. Rénovation mettant en valeur la brique du pays toulousain.

1

2

1- **Colomiers (31)** : Très vieux « pied de mulet » en brique crue, avec son toit triple pente.
2- *Cayriech* **(82)** : Bâti entièrement en pierre de taille, avec sa randière en saillie servant de plage d'envol.

Le pigeonnier toulousain type « pied de mulet »

On le trouve en grand nombre en région toulousaine et montalbanaise ; c'est sans doute le plus classique et, de ce fait, le plus répandu dans le Sud-Ouest et le Languedoc. Sa forme à toits successifs de faible pente, en marche d'escalier, lui donne un profil qui lui a valu l'appellation de « pied de mulet ». Parfois, les côtés du toit sont rehaussés, lui donnant la forme appelée « col de manteau ». La couverture est presque toujours en tuiles canal. Une contremarche, généralement en bois, permet l'envol des pigeons.

1

2

1- Orban (81) : De grande taille, ce pigeonnier présente une triple randière ceinturant une construction massive utilisant comme pierres d'angle de gros blocs taillés. À l'intérieur, les boulins sont des poteries noyées dans les murs.
2- Montech (82) : Construit entièrement en briques foraines avec double randière à plat pour l'envol.
3- Garidech (31) : Double pente en briques et galets, toiture type « col de manteau ».
4- Monteils (82) : Construit en brique foraine et pierre calcaire du Quercy, il est remarquable par sa toiture double pente encadrant une magnifique contreplaque en bois percée de trente-six trous d'envol.

1

2

3

4

1- **Colomiers (31) :** Pigeonnier type « pied de mulet » construit en briques foraines, situé près de l'aéroport de Toulouse-Blagnac.

2- **Brens (81) :** Pigeonnier avec un très beau couronnement baroque orné de plusieurs épis de faîtage de formes variées.

2

Intégrés dans le corps des fermes

Souvent isolés en pleine campagne, les pigeonniers peuvent être intégrés dans le corps des fermes ou dans des bâtiments comme les étables et les granges.

1- Espalais (82) : Bel ensemble de ferme en cours de rénovation. Pigeonnier « pied de mulet » en briques et galets, intégré dans le corps des anciens bâtiments qui constituaient la propriété.

2- Villeneuve-les-Bouloc (31) : Doubles pigeonniers « pied de mulet » ; situés aux extrémités, ils sont reliés entre eux par les anciennes dépendances et la maison d'habitation. N. B. : Paul Sibra (1889-1951), peintre du Lauraguais, réalisa un tableau de cet ensemble.

3- Valence d'Agen (82) : Pigeonnier « pied de mulet » à trois étages, bâti en brique sur entresol, double randière en terre cuite vernissée verte. En cours de rénovation. Il possède cinq beaux épis de faîtage.

4- Villate (31) : Pigeonnier « pied de mulet » intégré à l'étable, construit en briques foraines, randière en zinc, grille et plage d'envol en bois, tout comme la contreplaque.

1

2

3

4

Les pigeonniers sur piliers

En apercevant ces silhouettes majestueuses dressées dans la campagne, le promeneur découvre de véritables « monuments » qui allient élégance et finesse dans la diversité des toits et des matériaux. La caisse, qui repose sur quatre poutres en appui direct sur les piliers, est carrée, souvent en maçonnerie ou en colombages. Le toit pyramidal se trouve rehaussé d'un clocheton ou d'un lanternon. Une lucarne, une pierre ou une plaque de bois percée de trous sert à l'envol du pigeon. Les colonnes en pierre se terminent par un capel parfois surmonté d'un chapiteau.

1- **Valence d'Agen (82) :** Pigeonnier sur piliers en pierre blanche avec capel, caisse à colombages et briques, toit pyramidal en briques plates supportant deux belles lucarnes avec plaque d'envol en bois ; l'épi de faîtage représente un pigeon à l'envol.
2- **Le Verdier (81) :** Pigeonnier sur piliers avec une caisse montée en briques plates reposant sur une base en poutres de chêne. Colombage fait de deux pièces de bois servant à répartir le poids des briques. Impressionnants piliers d'environ 3 mètres de haut, recouverts d'un capel et d'un chapiteau. Toiture en briques plates agrémentée de deux lucarnes.
3- **Saurs (81) :** Très beau pigeonnier de type « pied de mulet » à arcades de formes « arc outrepassé ». Implanté dans un écrin de verdure, très bien entretenu, il montre un excellent exemple de sauvegarde du patrimoine de Midi-Pyrénées.

1

2

3

1

1- **Mondragon (81) :** Pigeonnier de type gaillacois reposant sur cinq piliers en pierre, dont un central. Randière de protection en briques plates en saillie. La caisse, faite de briques plates, est recouverte d'un enduit. Sa toiture en tuiles plates possède une simple lucarne en bois pour l'envol des pigeons.

2- **Caylus (82) :** Ce pigeonnier à colombages, fait de briquettes plates et torchis, est très ancien. Il est monté sur de hauts piliers en pierre couverts d'un large capel, sur lesquels repose la caisse. Toiture quatre pentes surmontée d'un lanternon avec une base en brique rouge. Couverture en tuiles plates.

Les pigeonniers
sur piliers

1- **Viterbe (81) :** Pigeonnier de type castrais, caractéristique de la région. Toit pyramidal avec un clocheton en ardoise, caisse à colombages sur piliers de pierre avec capel et chapiteau.
2- **Cadalen (81) :** Pigeonnier à colombages sur de massifs piliers de pierre. Toit pyramidal et lanternon en tuiles plates. La grille d'envol du lanternon est en bois, celle de la façade en brique creuse. L'épi de faîtage est constitué d'un pigeon sur une poterie.
3- **Toulonjac (12) :** Pigeonnier sur piliers en maçonnerie coupés par des larmiers à feuilles d'ardoise à mi-hauteur. La toiture est en tuiles plates, terminée par un lanternon surmonté d'un épi de faîtage en forme de pomme de pin. Rénovation récente.

1

2

3

Les pigeonniers
sur piliers

Fayssac (81) : Photo de deux époques, l'ancien pigeonnier sur piliers et colombages, l'autre, plus récent, et son toit de type « gaillacois ». Peu rentables, plutôt objets de passion, ils sont la trace d'un passé que tente de sauver leur propriétaire actuel. Merci à lui.

1- **Saint-Anatoly (31) :** Pigeonnier à arcades et piliers en brique, avec une très belle randière en céramique de couleur vert et orangé. Toit pyramidal surmonté d'un lanternon.

2- **Florentin (81) :** Pigeonnier à l'architecture particulière, construit sur des arcades en briques foraines. La rénovation lui a apporté un crépi jeté de bonne facture. Toit et petit clocheton recouverts de tuiles canal. Randière faite de briques foraines à plat en débordement.

Le pigeonnier sur arcades

C'est le plus impressionnant par l'importance de sa construction ; sa surface au sol offre ainsi la possibilité d'avoir des murs épais, qui, de ce fait, rendent l'ensemble plus résistant aux intempéries. Piliers carrés, caisse en maçonnerie, brique et pierre de taille, la différence vient du type de toiture utilisée. Toit pyramidal ou toulousain, avec lanternon ou clocheton ; il est en tuiles canal ou plates, parfois en ardoise. Ils sont isolés des bâtiments, on ne les trouve que rarement accolés à une maison.

1

2

Le pigeonnier sur arcades

1- **L'Isle-Jourdain (32) :** Pigeonnier de type gascon à colombages, toit pyramidal quatre pentes, lucarne mansardée, lanternon, couverture en tuiles plates.
2- **Pechbonieu (31) :** Imposant pigeonnier à arcades avec escalier central d'accès à l'étage. Toit pyramidal avec deux lucarnes. Construit en briques foraines. Double randière en briques plates en débordement.

1

2

3- **Montauban (82) :** Très beau pigeonnier carré à arcades, construit en briques et reposant sur des piliers à angles arrondis, toit quatre pentes et clocheton. Épi de faîtage en cuivre.

4- **Beaumont (31) :** De très belles arcades avec briques foraines pour ce pigeonnier. Toit en tuiles plates et lucarne avec fronton portant les dates de quatre rénovations : 1707-1738-1973-2000.

1

1- **Bonnac (09):** De plan carré, il appartient au type à arcades sur piliers de briques et toiture en pavillon. Daté de 1731, il est classé Monument Historique. Édifice rattaché à la tradition architecturale du pays toulousain.
2- **Saint-Soulan (32):** Pigeonniers à toiture de type gascon reposant sur de grandes arcades. On remarquera l'utilisation exclusive de la brique foraine du Sud-Ouest.

Le pigeonnier sur arcades

1- Lacapelle-Livron (82) : Cet ancien pigeonnier des Templiers sur arcades est construit en pierre de taille. Double randière en pierres plates en débordement, toiture en lauze surmontée d'un clocheton. Sur la façade, une seule pierre, de type monolithe, pour l'envol des pigeons.

2- Livers (81) : Pigeonnier à larges arcades dont les piliers sont équipés de bandes anti-prédateurs. Les côtés possèdent une grille d'envol au-dessus de la randière principale. Toit à quatre pentes peu pentu recouvert de tuiles dites « mécaniques », comme son lanternon. Le château, que l'on voit au loin, possède un très beau donjon à mâchicoulis intégrant un pigeonnier avec deux grilles à neuf trous et plage d'envol sur chaque côté.

1

2

3- **Saint-Sernin-de-Lombers (81) :** Ce type de pigeonnier sur arcades est une construction qui date de 1661. Il faisait partie d'une grande propriété dont subsiste le château, situé non loin de là. Sa partie basse, formée d'arcades massives en pierres finement jointées, supporte un ouvrage en pierre calcaire de la région. La toiture rénovée n'a conservé que deux côtés en tuiles plates d'origine. Une double randière en pierres plates ceinture cet ouvrage. On remarquera les randières sur les piliers. Une grille et une lucarne servent à l'envol des pigeons.

4- **Broze (81) :** Un très beau pigeonnier sur la route de Gaillac à Cordes. Construit entièrement en brique foraine sur quatre arcades massives. Toit pyramidal en tuiles plates orné d'une lucarne type « chien-assis ». Lanternon en briquettes surmonté d'un bel épi de faîtage. Arêtiers en tuiles canal.

1- **Septfonds (82) :** Tour avec son bel escalier extérieur en pierre de taille, toit à quatre pentes avec une très belle lucarne. La randière en pierres plates ceinture l'ensemble, celle-ci servant aussi de plage d'envol.
2- **Saint-Georges (82) :** Pigeonnier en pierre de taille, avec un toit pyramidal à face avant large, ceinture de pierres anti-prédateurs, grille d'envol triangulaire en pierre monolithe. La hauteur de cet ensemble est d'environ 18 mètres.
3- **Belfort (46) :** Vieux pigeonnier en pierre blanche, toit en briques plates et clocheton.

Le pigeonnier tour carrée

Qu'ils soient carrés ou ronds, ils peuvent se prévaloir de leur ancienneté. Toujours isolés de la ferme et implantés dans des points favorables à l'observation, on peut penser qu'ils servaient de « tour de guet ». Toit à quatre pentes surmonté d'un épi en terre cuite ou en poterie, et, comme souvent dans le Sud-Ouest, apparaissent les clochetons et lanternons. Le pigeonnier possède souvent une lucarne.

1

2

3

1- **Marsac (82)**: Pigeonnier tour carrée du XVIIe siècle avec un très beau clocheton et ses grilles d'envol. Construction en pierre de taille pour le corps principal et les deux lucarnes Renaissance, tuiles plates pour le toit. Une corniche autour du toit sert de bandes anti-prédateurs. L'épi de faîtage représente quatre très beaux pigeons en vol.
2- **Donnazac (81)**: Tour carrée de type gaillacois en pierre de taille, toit pyramidal type queue de vache recouvert de tuiles plates avec une belle lucarne. Les côtés sont agrémentés de plusieurs pierres d'envol à formes variées.

3- **Caussade (82) :** Tour carrée en pierre de taille pour sa partie basse et en briques foraines pour la partie haute. Toiture en tuiles plates, surmontée d'un clocheton reposant sur une base carrée en bois percée de trous pour l'envol des pigeons.

4- **Isle-Jourdain (32) :** Très beau pigeonnier à toiture en ardoise surmonté d'un lanternon avec de grandes grilles d'envol. Une lucarne triangulaire sur le toit sert aux entrées et aux sorties des pigeons.

1

2

3

1- Réalville (82) : Très beau pigeonnier en briques foraines avec lanternon.

2- Pins-Justaret (31) : C'est un mélange subtil de la brique foraine et de l'ardoise dont est recouverte la toiture. Un soubassement crépi à la chaux claire marquant le contraste des couleurs, montre l'attachement de la commune à la conservation de ce beau patrimoine. On remarque cette lucarne intégrée au toit dont les arêtiers et l'épi de faîtage sont réalisés en zinc. Bâti sur trois étages, ce pigeonnier possède une randière à chaque niveau.

3- Colomiers (31) : Ce pigeonnier composé de deux cubes superposés est inhabituel. Base carrée en brique et galets, les autres parties en brique, toit à quatre pentes avec double épi de faîtage. Chaque lucarne possède une plage d'envol.

Village du Bas Quercy
Cayriech (82)

Médaille d'or européenne au concours 2004 des villages fleuris, ce charmant village vous permettra d'admirer différents types de pigeonniers rénovés dont celui-ci, magnifique, près de l'église. Type tour à toiture très effilée avec une remarquable lucarne et ses deux grilles d'envol. Construction en pierre blanche du causse de Limogne.

1- **La Lande (82) :** Superbe tourelle intégrée en briques plates, toit de forme pyramidale avec une très belle lucarne fermée par une plaque d'envol en bois. Le passage des pigeons se fait par deux pierres monolithes trouées. Bel épi de faîtage.

2- **Seissan (32) :** Tour intégrée au corps d'une ferme, construction à colombages avec briques crues et torchis. Un beau pigeon comme épi de faîtage.

Le pigeonnier tourelle et tour intégrée

Le pigeonnier tourelle est implanté au centre de la maison ou des dépendances. De base carrée, il est de petites dimensions, mais généralement assez haut, ce qui lui donne un aspect élancé. Le pigeonnier tour intégrée possède une imposante tour accolée. Sa façade lui donne l'aspect d'un petit château. Toit souvent pyramidal à quatre pentes couvert de tuiles plates. Une lucarne ou une pierre monolithe servent au passage des pigeons.

1

2

1- **Lévignac (31) :** Tourelle de type « pied de mulet » à double pente, intégrée entre le bâtiment d'habitation et les dépendances. La randière se compose de tuiles canal mises en chevauchement, et ceinturant entièrement la tourelle.
2- **Lavaur (81) :** Pigeonniers en pierre de taille composés de deux tours intégrées. L'envol des pigeons se fait sur le premier par des trous carrés longeant une corniche et deux lucarnes avec un support d'envol de type pendentif. Le second plus traditionnel possède deux très belles lucarnes avec fronton.
3- **Fonsegrives (31) :** Très grande tour intégrée dans le corps d'une ancienne maison de type lauraguaise. Construction entièrement en briques foraines ; c'est une construction qui a gardé son caractère d'antan. La toiture, composée de tuiles plates, est agrémentée d'une très belle lucarne avec son fronton. Deux lucarnes en façade dont une avec une petite plage d'envol.

1

2

3

1

2

1- **Montech (82) :** Construction en briques foraines sur arcade. Façade avec deux lucarnes.

2- **Blagnac (31) :** Construit en brique, toit à quatre pentes avec lucarnes et fronton et épi de faîtage.

3- **Lapenche (82) :** Pigeonnier tourelle en angle du moulin sur le Candé construit en pierre de taille, toit pyramidal, en face avant deux pierres monolithes percées avec rebord de repos. La randière de protection, en pierres plates, protège toute la face avant de l'habitation.

4- **Saint-Julien (82) :** En pierre de taille, toit à large face avant et lucarne, randière, pierres d'envol.

3

4

Les pigeonniers tour cylindrique

Type de pigeonnier très répandu dans le nord de la France. On en trouve de très beaux spécimens dans le Sud-Ouest. L'ensemble est fait de pierres sèches ou de briques foraines. Très anciens, ces pigeonniers témoignent de la polyvalence de ces édifices : lieux d'élevage et ouvrages de fortification.

1- **Pompertuzat (31) :** Pigeonnier tour ronde bâti en briques foraines du pays toulousain mais recouvert d'un crépi de sable. Toit en forme de dôme avec quatre lucarnes avec fronton. Randière double en brique plate en saillie. Classé Monument Historique.
2- **Carbonne (31) :** Pigeonnier cylindrique de style mauresque bâti en briques foraines. Toit en forme de dôme avec un lanterneau, une lucarne et une belle grille d'envol faite d'une pierre monolithe. Randière en débord de type larmier faite en briques taillées et creusées en dessous pour plus de protection.

1

2

1- **Carbonne (31) :** Pigeonnier de forme cylindrique construit en briques foraines, il est surmonté d'un lanterneau reposant sur un dôme de bâti en brique. Double randière simple corniche séparée par un espace recouvert d'enduit lisse pour rendre plus efficace la protection contre les rongeurs.

2- **Merville (31) :** Pigeonnier cylindrique en briques foraines, toit en dôme avec une lucarne surmontée d'un fronton sculpté, une autre lucarne en demi-lune avec rebord de repos. L'épi de faîtage est formé d'une quille ou poinçon avec trois boules transpercées.

3- **Ramonville (31) :** Pigeonnier rénové, dont l'enduit utilisé a recouvert les briques foraines qui furent utilisées pour sa construction. Toit de type « dôme » orné de quatre lucarnes et d'un beau lanterneau. Deux randières en briques et une en céramique verte.

3

1- **Cintegabelle (31) :** Pigeonnier cylindrique en briques foraines, surmonté de quatre échauguettes et d'un lanterneau. Deux randières de protection, une en brique et une autre en céramique verte. Quatre gargouilles au niveau du toit.
2- **Montgeard (31) :** Avec son toit en demi-sphère bâti en brique, le pigeonnier de Montgeard date de l'ère du pastel, aux environs de 1560. Construit en briques foraines apparentes, il possède une bande anti-prédateurs simple corniche en briques. Autrefois, un bâtiment devait y être accolé, car il subsiste encore quelques briques saillantes. Il faisait partie d'un ensemble fortifié. À l'intérieur, les boulins sont au nombre de 800, en briques foraines à plat. On remarquera trois échauguettes en décoration ainsi que trois gargouilles. Une poivrière centrale sert d'envol.

1

2

1

2

1 et 2- **Montauban (82) :** Daté de 1546, il est situé dans l'ancienne abbaye de Montauriol. C'est un des plus beaux spécimens des colombiers féodaux. De forme circulaire, bâti en briques, son toit en coupole est envahi par les broussailles, un arbre pousse à la cime. Sur l'arrière, on remarquera les trois superbes et massives échauguettes. Son cas mérite que l'on y porte attention en œuvrant à son sauvetage avant qu'il ne soit trop tard.

1- **Lévignac (31) :** Pigeonnier hexagonal d'allure massive sur arcades et piliers carrés en briques. Il est de construction sobre, bâti en briques foraines et enduit. Deux corniches en briques saillantes comme bandes de protection. Toit en tuiles plates avec une lucarne surmontée d'un fronton. Un lanternon avec épi de faîtage et grille d'envol agrémente l'ensemble.

2- **Pessoulens (32) :** C'est le pigeonnier octogonal de Midi-Pyrénées le plus imposant avec ses 50m² de base. Il date de la moitié du XVIIe siècle comme son cousin du « Toureil » à Beaumont de Lomagne. La pierre calcaire blanche fait encore plus ressortir la formidable toiture bordée d'une splendide génoise couverte de tuiles plates au-dessus de laquelle repose un clocheton extraordinaire avec son épi de faîtage agrémentée d'une lucarne.

Les pigeonniers polygonaux

Ce sont des bâtiments imposants et majestueux. Dominant la campagne, ils attirent le regard du passant, tant leur présence est teintée d'une force qui indique qu'ils appartenaient à de vastes domaines agricoles et qu'ils abritaient en leur temps plusieurs centaines de pigeons. Ils sont peu nombreux et malheureusement mal entretenus, à cause du partage des domaines, de l'agriculture industrielle et du tracé de certaines routes.

1

2

Les pigeonniers polygonaux

1- Pommevic (82) : Ce type de pigeonnier octogonal est une construction datant du XVIIe siècle. Construit pour sa partie basse en pierre, et pour sa partie supérieure en brique. Construction restaurée par le passé avec un toit recouvert de tuiles de type « mécanique ». Ce pigeonnier possède des boulins en briques plates percés d'une entrée demi-ronde. Sa randière est faite de pierres taillées posées en saillie, servant de plage d'envol. Particularité : un escalier central hélicoïdal permet d'accéder à l'étage. Autrefois, une échelle tournante permettait d'attraper œufs et pigeonneaux qui se trouvaient dans les quelque 400 boulins.

2- Merville (31) : Un des plus majestueux pigeonniers de type polygonal du Sud-Ouest. Bâti sur des piliers cylindriques en brique bâtie. Deux corniches en briques servent de bande contre les prédateurs. Toiture octogonale faite de briques plates, avec des arêtiers en tuiles canal. Deux lucarnes avec fronton et un très beau lanternon donnent encore plus de majesté à cet ensemble.

1

2

1

2

1- **L'Isle-Jourdain (32) :** Pigeonnier hexagonal d'En Gouardes à arcades. Trois bandes de briques anti-prédateurs forment de belles corniches. On trouve en plus une randière en carreaux de céramique. Construction en brique, toit avec lucarnes en tuiles plates, lanternon avec plaques d'envol en bois. Pigeon comme épi de faîtage.
2- **Moissac (82) :** Le pigeonnier de Milliole date du XVIIIe siècle. Il est de forme octogonale, avec une couverture façonnée en demi-sphère comprenant huit lucarnes. Coupole en briques foraines, tout comme les murs. Triple corniche en brique et génoise.
3- **Corbarrieu (82) :** Pigeonnier de forme octogonale, configuration massive lui donnant un aspect écrasé. Bâti en briques rouges du pays, avec un mortier en terre crue. Une toiture plate recouverte de tuiles canal déborde largement, servant ainsi de randière. Autre protection contre les nuisibles : une ceinture de carreaux vernissés de couleur verte. Lanternon et sa grille d'envol, unique sortie pour les pigeons.

1- **Verdun-sur-Garonne (82) :** Pigeonnier tour carrée avec tourelle d'accès à l'étage, toit pyramidal avec deux lucarnes surmonté d'un clocheton. Très belle rénovation.

2- **Verdun-sur-Garonne (82) :** Pigeonnier tour carrée en brique avec escalier hélicoïdal dans la tourelle. Toit en tuiles plates, surmonté d'un lanternon. Double randière en briques.

Les pigeonniers à tourelle cylindrique

Les pigeonniers de formes classiques ont une originalité : ils présentent, accolés au mur principal, une tourelle cylindrique au toit en forme de dôme. À l'intérieur de celle-ci, un escalier amène directement au premier étage du pigeonnier. C'est une adjonction que l'on peut considérer comme un luxe, mais qui augmente l'intérêt de ce monument.

2

1, 2, 3- **Verdun-sur-Garonne (82), Pompignan (82), Grenade (31) :** Trois pigeonniers avec tour cylindrique accolée. Ces tours permettent, par une porte extérieure ou intérieure, d'accéder à un escalier menant à l'étage. Constructions en brique, toit pyramidal à quatre pentes ou « pied de mulet » simple pente. Lucarne avec fronton. Toits en tuiles plates ou tuiles canal.

1

2

3

Les pigeonniers à tourelle cylindrique

1- Tourelle rénovée d'un ancien pigeonnier de la région du nord de Toulouse. C'est un bel exemple de sauvegarde d'un type de construction que l'on trouve exclusivement dans le secteur situé à la jonction des départements du Tarn-et-Garonne et de la Haute-Garonne. L'ensemble est entièrement construit avec de belles briques foraines, typiques de la région toulousaine. Située sous une toiture en forme de dôme, on remarque une randière faite de carreaux de céramique vernissés.

2- **Canals (82)** : Très ancien pigeonnier avec tourelle intégrée, construction entièrement en briques foraines, double randière ceinturant aussi la tourelle. Des trous rectangulaires qui servent aux pigeons pour accéder à l'intérieur se trouvent au-dessus d'une randière servant aussi de plage d'envol.

3- **Valzergues (12)** : Pigeonnier tour restauré et coiffé d'un toit d'ardoise en forme de casque. Construction en pierre calcaire du pays. L'ensemble fut remanié vers 1860. En arrière-plan se trouve la mairie, autrefois le château.

1

2

3

Les pigeonniers-balets

Le pigeonnier-balet est souvent situé au centre de la façade. C'est une caisse reposant sur deux piliers en bois ou parfois en pierre. Il sert en même temps de protection du palier supérieur de l'escalier de pierre qui permet d'accéder à la maison. Sa toiture de forme pyramidale sert de couverture au logement des pigeons.

1- Labastide-de-Penne (82) : Pigeonnier-balet en pierre de taille, doubles pierres monolithes au-dessus de la plage d'envol. Toit pyramidal avec une lucarne surmontée d'un fronton.

2- Mouillac (82) : Pigeonnier-balet typique du Quercy. Composé d'une face avant et d'une grille d'envol toutes deux en bois. Une trappe sous le pigeonnier sert d'accès aux nichoirs en osier. Toit double pente en tuiles canal. Le toit principal en débord sert de randière. Maison en belle pierre de taille. Sous l'auvent, des entrées pour les pigeons nichant au grenier.

3- Cayriech (82) : Pigeonnier-balet typique du Quercy. Caisse en bois avec ses grilles d'envol. Maison en pierre de taille irrégulière, la toiture est en tuiles canal. L'ensemble protège l'escalier des intempéries.

1

2

3

1

2

3

4

1- **Montalzat (82)** : Pigeonnier-balet composé d'une tour intégrée avec une arche composant le porche d'entrée de la maison. Corniche en pierre servant de barrière contre les prédateurs. Toit pyramidal en tuiles plates, avec une lucarne d'envol et son fronton. En face avant, une grille d'envol surmontée d'une plage d'envol en brique.
2- **Balach (46) :** Pigeonnier-balet au toit de type pied de mulet double pente. Construction en pierre de taille. Ce type d'architecture permet de protéger efficacement des intempéries l'entrée et le balcon de la maison. Grand escalier de pierre typique du Quercy blanc. C'est une remarquable rénovation faite dans la tradition.
3- **Lavit (82) :** Pigeonnier-balet à colombages, toit en tuiles canal avec son épi de faîtage.
4- **Les Perches (82) :** Pigeonnier-balet typique du Tarn-et-Garonne. Un escalier extérieur en pierre de taille sert d'accès à une terrasse couverte par une caisse en bois soutenue par deux piliers dans laquelle logent les pigeons. La toiture est en briques plates de type « mécanique ». Lucarne et simple grille avec sa randière en pierre calcaire servant d'accès aux pigeons.

1- Cadalen (81) : Ferme Tarnaise avec pigeonnier grenier construit au centre de la toiture comme une tourelle intégrée. La sortie des pigeons se faisant par une pierre monolithe percée de 10 trous.
2- Saint-Martin-de-Caussanille (82) : Maison en pierre blanche du Quercy avec pigeonnier grenier en façade fait d'une pierre d'envol triangulaire et de deux trous carrés avec rebords d'envol.
3- Cayriech (82) : Maison du XVIIIe siècle en pierre de taille avec un pigeonnier grenier de part et d'autre de l'angle de la maison avec une pierre d'envol à 7 entrées.

Les pigeonniers greniers

Quant au pigeonnier grenier, il se rencontre dans de petites maisons qui ne disposaient pas de place ou pour lesquelles les propriétaires n'avaient pas d'autorisation pour posséder un pigeonnier, ou bien encore, tout simplement, par manque de moyens financiers. C'est ainsi que maintes maisons possèdent une pierre monolithe percée en façade, ou bien à l'angle supérieur de leur habitation, servant au passage des pigeons.

1

2

3

1- **Monteils (82) :** C'est une très belle maison construite en pierre de taille et briques foraines en partie supérieure. Toit en tuiles canal avec un pigeonnier grenier à cinq pentes tout en brique avec une pierre d'envol percée de 15 trous pour le passage des pigeons. Bande anti-prédateurs en tuiles canal en génoise.
2- **Cayriech (82) :** Fait d'une pierre monolithe percée de seulement cinq orifices, ce genre de petit pigeonnier est très répandu dans le Tarn-et-Garonne quand on ne dispose pas de grands greniers. Petite plage d'envol pour faciliter l'accès à l'intérieur du pigeonnier.
3- **Saint-Martin-de-Caussanille (82) :** Cette demeure remarquable consacre une part importante à la liberté et au bien-être des pigeons. On compte quatre grilles d'envol, avec pas moins de 25 trous pour le passage. Ces grilles sont faites dans des pierres monolithes, ce qui représente un travail de taille importante et de précision, afin d'éviter la casse à la taille.
4- **Saillac (46) :** Pigeonnier grenier de forme triangulaire dans une maison du causse lotois. Ici, pas de pierre monolithe traditionnelle mais des ouvertures carrées sur cinq niveaux. On remarquera les deux grandes randières faites de pierres calcaires plates servant de plage d'envol.

1

2

3

4

1- **Lévignac (31) :** Double pigeonnier à toit à quatre pentes terminé par deux poinçons comme épi de faîtage. Deux grandes lucarnes avec plaque d'envol en bois. Corniche ou antéfixe reliant les tours pour masquer les gouttières. L'ensemble est très bien conservé et donne un bel aperçu du soin que l'on apportait à la réalisation de son pigeonnier.

2- **Caylus (82) :** Double pigeonnier avec une terrasse promenade reliant un pigeonnier tour carrée simple, et un second de même type, mais construit sur arcades. Grilles et lucarnes pour l'envol des pigeons.

3- **Lejos (81) :** Double tour carrée à toit surmonté d'un clocheton en tuiles plates. Les grilles d'envol en pierres monolithes sont toutes de formes différentes.

Les pigeonniers à double tour

C'est une originalité que l'on retrouve assez souvent. Ces doubles pigeonniers symétriques forment un ensemble architectural original. On peut penser que les propriétaires souhaitaient posséder une telle demeure qui pouvait rappeler les châteaux des seigneurs. C'était en sorte une revanche, et chacun a ainsi pu profiter de l'abolition des privilèges, et donc avoir son propre pigeonnier, en donnant libre cours à son imagination.

1

2

3

1

1- **Prudhomat (46) :** Double tour intégrée dans un ensemble de granges accolées ; chaque tour surmonte un porche d'entrée. Ensemble bâti en pierre calcaire du Lot. Toiture pyramidale recouverte d'ardoise, et surmontée de deux épis de faîtage. Les granges sont en partie recouvertes de tuiles plates et de tuiles de type « mécanique ». L'entrée des pigeons se fait par quatre lucarnes avec grille d'envol sur chaque tour.

2- **Saint-Georges (82) :** Pigeonnier double tour en pierre de taille, toits double pente avec lucarne simple sur une tour, et deux pierres d'envol sur l'autre. Une randière en saillie de forme larmier protège chaque tour des prédateurs. Les tours sont reliées par une avancée de toit en forme de génoise. La couverture des toits est en tuiles canal pour le toit de la maison et en tuiles plates pour les tours.

3- **Saint-Antonin (82) :** Double tour en pierre de taille et enduit, toit à quatre pentes recouvert de tuiles posées en écaille, arêtier en tuiles canal, épi de faîtage en zinc. En façade et sur le côté se trouvent deux pierres d'envol. Une double randière en pierre en saillie protège le pigeonnier des rongeurs qui viendraient du toit de la maison.

1- **Figeac (46) :** Situé prés du foirail, cet ensemble fait partie des anciens remparts d'où l'on a une belle vue sur la ville. Ensemble bâti en pierre et gros moellons de calcaire blanc avec un porche en ogive. Sur la toiture recouverte de lauzes se trouve une lucarne avec en dessous deux petites grilles d'envol.
2- **Cazes-Mondenard (82) :** Très bel ensemble en pierre de taille avec ce pigeonnier-tour servant de porche d'entrée. Toit pyramidal à quatre pentes en tuiles plates, double épi de faîtage, lucarne d'envol avec fronton. Le dessous du toit est une génoise double en forme de larmier.

Les pigeonniers-porches

Ils se rencontrent dans les fermes importantes. On entre dans la cour intérieure ceinturée d'un mur par un porche imposant. Celui-ci, clos par une porte en bois ou une grille en fer forgé, est surmonté d'une construction servant de pigeonnier. C'est une construction généralement en pierre de taille. Parfois, un pigeonnier indépendant sert de porche d'entrée. Sa toiture est à quatre pentes, assez pointue, recouverte de tuiles plates. La lucarne d'envol se trouve placée sur la façade principale.

1

2

Les pigeonniers-porches

1- Montamel (46) : Depuis la cour, voici un superbe pigeonnier-porche de type fortifié, protégeant l'entrée de cette ancienne ferme. Cet ensemble est construit en pierre de taille ; une magistrale voûte forme une arcade massive. Toit pyramidal couvert de tuiles plates rehaussé par deux épis de faîtage. Deux lucarnes avec grille et plage d'envol.

1

2- Couffouleux (81) : pigeonnier-porche de type pied de mulet double pente. Une triple randière, dont une en céramique verte, les deux autres sont en briques plates en saillie. Arche en briques foraines, tout comme les angles des murs formant la caisse. Double lucarne d'envol en façade. Le profil du toit est de type « col de manteau ».

3- Labastide-de-Penne (82) : Surprenant pigeonnier sur piliers utilisé comme porche d'entrée de la maison. Piliers en pierre surélevés ; la caisse est à colombages et torchis, recouverte d'enduit en terre. Toiture pyramidale en tuiles plates. Le lanternon repose sur une caisse en bois percée de trous servant au passage des pigeons.

2

3

Les pigeonniers-
porches

1- **Meauroux (32) :** Pigeonnier-porche situé au-dessus de l'entrée principale de la ferme protégeant l'accès à la propriété. Un toit pyramidal avec deux lucarnes et leur fronton possède une couverture en tuiles plates. Construction en pierre de taille.
2- **Memer (12) :** Pigeonnier-porche en angle de la ferme construit avec de la pierre grise de type grès, typique du Rouergue. Il possède deux randières successives qui protègent l'accès aux trous d'envol. Toit en briques plates. Pomme de pin comme épi de faîtage.

1

2

Quelques cas particuliers...

C'est dans un triangle compris entre **Villefranche-de-Rouergue (12)**, **Caylus (82)** et **Cajarc (46)**, dans les Causses du Quercy et de Limogne que vous retrouverez ces Gariottes et Cazelles. C'est une région qui à chaque détour vous fera admirer ces bâtisses en pierre calcaire avec leurs toitures en lauzes.

En parcourant le Causse

Gariotte ou bien cazelle, leur appellation varie dans les différents lieux que forme le Quercy. Néanmoins, elles ont eu par le passé un rôle important dans la vie des bergers et des troupeaux du Causse lotois et aveyronnais. Si elles sont délaissées de nos jours, il en subsiste quelques-unes dont certaines gardent encore les traces de leur double utilisation : bergerie et pigeonnier.

1- **La Salle (82) :** Pigeonnier-gariotte construit en pierre blanche du Quercy blanc, toiture entièrement recouverte de lauze, le rez-de-chaussée servant de poulailler.

2- **Servanac (82) :** Ancien pigeonnier-gariotte dont le toit a été refait avec des tuiles canal, mais qui garde son caractère d'avant. Randière en pierre de taille plate et trous d'envol.

1

2

Pigonniers gariottes et gazelles

Constructions en pierres sèches et plaques de calcaire dures, les pigeonniers cazelles et gariottes sont une particularité de la vallée du Lot et des Causses du Quercy. Les toits sont recouverts de lauze. Ces pigeonniers servaient aussi d'abri aux bergers. Certains, en mauvais état, survivent difficilement à la disparition des petits troupeaux du Causse.

3

1, 2, 3 - **Cazelle à Faycelle (46), Tour cazelle à Beaumat (46), Gariotte à Gigouzac (46)** : Couvertures en lauze du Lot, constructions en pierres sèches. L'envol des pigeons se fait par l'ouverture au sommet du toit, ou par de petites lucarnes ouvertes ou agrémentées de grilles.
4- **Faycelles (46)** : Très beau pigeonnier cazelle en pierre du Lot, toit en lauze en forme de dôme, surmonté d'un épi de faîtage comprenant trois pierres dressées sur lesquelles reposent une pierre plate et une quille.

4

1- **Assier (46) :** vue extérieure du pigeonnier tour ronde.
2- Vue des boulins et de l'échelle tournante.
3- Date (1537) gravée sur le linteau de la porte d'entrée
4- Vue d'un boulin en poterie.
5- Vue en contre-plongée de la charpente et des boulins, ainsi que de l'ancrage de l'échelle tournante.

Le pigeonnier d'Assier (46)

Ce pigeonnier tour ronde, qui faisait partie des dépendances du château, date de 1537. Il se situe non loin du château, qui fut construit, entre 1518 et 1535, par Galiot de Genouillac. Le château d'Assier est un exemple de la diffusion de l'art de la Renaissance hors du Val de Loire. Haut de 11 mètres, ce pigeonnier est du type de ceux que l'on rencontre dans le nord de la France : circulaire et toit conique. Particularité de celui-ci, il possède un lanternon, marque des pigeonniers du Sud-Ouest. Construit en pierre de taille, il est ceint de deux randières en saillie. L'intérieur possède une échelle tournante qui permet d'accéder aux 2300 boulins faits de poteries.

1

2

3

4

5

1- **Lavaur (81)** : Pigeonnier de type poivrière, toujours en activité, construit en briques foraines, dôme hexagonal et épi de faîtage.
2- **Fonneuve (82)** : Pigeonnier sur base carrée en briques foraines.
3- **Fons (46)** : Pigeonnier mélangeant tour ronde, gariotte, caisse à colombages de pigeonnier sur piliers, et un toit pyramidal orné d'une lucarne et son fronton.

Pigeonniers divers

Inclassables, car ayant des particularités qui leur sont propres, ces pigeonniers sont le résultat de recherches architecturales bien pensées par leur originalité mais aussi par leur démarquage des pigeonniers traditionnels de Midi-Pyrénées.

1

2

3

1

1- **Merville (31)**: Pigeonnier baroque, base en brique et galets, toit en tuiles plates avec 4 lucarnes stylisées bordées de zinc et surmontées d'un épi de faîtage.
2- **Valeilles (82)**: Pigeonnier-tour en pierre, avec encorbellement de la partie supérieure, construit sur un puits. Toit de type pied de mulet avec couverture en tuiles canal.
3- **Lavergne (46)**: Pigeonnier-porche sur mâchicoulis; il faisait partie d'un mur d'enceinte.

Découvrir les pigeonniers de Toulouse

1- Parc du Mirail.
2- Faculté du Mirail.

1

2

1- Parc de La Flambère.
2- Avenue de Lespinet.
3- Fuie du jardin des plantes.
4- Mirail-Bellefontaine.

1

2

3

4

1- Saint-Martin-du-Touch (visible en partie depuis le fil d'Ariane : sortie Tournefeuille).
2- Parc de la Cépière.
3- Lac de La Reynerie.

3

1

1- Parc de La Mounede.
2- Boulevard d'Atlanta.
3- Saint-Martin-du-Touch.
4- Pont des Demoiselles.

2

3

4

Les pigeonniers oubliés et marqués par le temps

Abandonnées ou délaissées par les nouvelles générations, ces constructions, autrefois pleines de vie, finissent leur vie dans l'indifférence. Au travers de toitures éventrées, la pluie et le vent finissent leur travail d'érosion et d'effacement du passé.

1- **Verdun-sur-Garonne (82) :** Près de la caserne des pompiers, il sert à entreposer du bois, des bidons d'huile et autres détritus. Ce magnifique pied de mulet à 8 arcades est en fin de vie si personne ne réagit.
2- **Cornebarrieu (31) :** Situé au beau milieu des terres, ce pied de mulet de construction en briques foraines et galets, devrait être sauvé rapidement car le toit commence à prendre l'eau, ce qui va entraîner sa perte.
3- **Lévignac (31) :** Victime de l'agrandissement de la route pour l'A380, il est à l'abandon à l'entrée de la commune, dans l'indifférence totale.
4- **Lacapelle : Livron (82) :** C'est bientôt une ruine prête à s'effondrer. Toit pyramidal en tuiles plates, lucarne d'envol ; il est sur trois étages, la randière est en zinc.
5- **Tournefeuille (31) :** Victime de l'urbanisme envahissant, ce pied de mulet avec arcades en brique va disparaître prochainement si rien n'est fait, le toit n'offrant plus d'abri.

1

2

3

4

5

1

2

3

4

1- **Fayssac (81) :** Ancien moulin, puis pigeonnier ; la plage d'envol a disparu. Il termine sa vie dans l'oubli.

2- **L'Isle-Jourdain (32) :** Situé au beau milieu d'un champ, près de l'autoroute, ce pied de mulet à arcades n'a plus de toit, ce qui laisse présager de la suite. Curiosité, ses boulins sont faits de poteries incrustées dans les murs.

3- **Monteils (82) :** Pied de mulet à double pente avec escalier extérieur en pierre. Le toit est en très mauvais état, l'eau et le lierre commencent leur travail de sape.

4- **Montauban (82):** Ce pigeonnier tour ronde avec tourelle accolée n'a plus de toit : c'est une ruine !

5- **Labastide-de-Levis (81) :** Ce très ancien pigeonnier sur piliers et colombages ne tient que par sa volonté de vouloir encore vivre. Construit en briques cuites et crues ; son toit en briques plates est surmonté d'un lanternon.

1 et 2- Pigeonnier rénové en 2005, c'est un vestige de l'ancien château de **Bourret (82)**.
3- Pigeonnier de **La Madeleine (31)**.

Quelques exemples de rénovations

De l'espoir quant à l'avenir de certains pigeonniers : une prise de conscience sur la valeur humaine et historique de ces vestiges de notre passé permettra d'en sauver beaucoup d'une mort certaine.

1

2

3

Quelques exemples de rénovations

1- Pigeonniers de **Mondragon (81)**.
2- Pigeonnier intégré de type pied de mulet, après rénovation de cet ancien domaine agricole de la banlieue toulousaine.
3- Pigeonniers de **Montdoumerc (46)**.

3

1

2

1, 2 et 3- Pigeonniers dans la région de **Beaumont-de-Lomagne (82)**.

3

1- **Durfor (81) :** Très beau pigeonnier de type castrais sur piliers, avec son clocheton spécifique à cette région autour de la ville de Castres. La toiture est en ardoise venant des alentours. Piliers massifs en pierre soutenant une caisse à colombages.

2- **Belfort (46) :** Et au milieu pousse un pigeonnier. Très belle tourelle dans un ensemble en pierre blanche du Quercy avec toiture en tuiles plates. Une petite lucarne à six entrées est destinée à accueillir les pigeons. Cet ensemble est le résultat d'une rénovation réussie.

3- **Gigouzac (46) :** Très belle maison du Quercy, avec deux tourelles d'angle comprenant un pigeonnier. Toiture en tuiles plates, sur un ensemble à colombages. Deux lucarnes avec grille et plage d'envol permettent un accès aux pigeons. Le reste de la toiture de l'ensemble est fait d'un mélange de tuiles plates et de tuiles canal.

1

2

3

1- Le pigeonnier et sa toiture rénovée.
2- Photo de la lucarne, du lanternon et de son épi de faîtage.
3 et 4- L'intérieur du pigeonnier : échelle tournante, boulins, et la charpente rénovée vue en contre-plongée.

1

Le pigeonnier de Villemur-sur-Tarn

Pigeonnier tour carrée construit en brique foraine avec un crépi à la chaux. Son ancienne toiture était en tuiles plates avec arêtier en tuiles canal. Afin de le sauver, la toiture fut refaite en 2004. Datant de 1729, il a survécu à la célèbre crue du Tarn de 1930 et servit même à amarrer une barge. Son épi de faîtage en céramique verte représente une grande carafe. À l'intérieur, les boulins au nombre de 450 sont faits de doubles rangées de briques foraines séparées par deux briquettes. Une échelle tournante simple est conservée dans un excellent état de fonctionnement.

2

3

4

1 à 6 - Vue de l'ancien toit du pigeonnier, on voit que la nouvelle charpente est aussi haute que la base, ensuite, présentation des différentes phases de montage et de mise en place du toit avec la grue.

3

4

5

6

Montdourec (46) : Construction d'un pigeonnier sur piliers

Il s'agit de l'édification, par un passionné d'histoire et de patrimoine local, d'un authentique pigeonnier sur piliers pour lequel on a utilisé les matériaux d'époque. Durant plusieurs mois, j'ai suivi l'évolution du montage et de la réalisation de cette construction, désireux de garder la trace d'un travail méthodique, minutieux et de grande ténacité afin d'obtenir un résultat le plus fidèle possible aux pigeonniers d'antan.

Quelques lignes sur l'habitant des lieux

Premier jour à Vincennes (Seine-et-Oise), le 12 janvier 1957.

• Le pigeon: source de revenus et de nourriture

L'élevage des pigeons date de l'Antiquité. En France, il fit suite à l'abolition des privilèges et devint donc une source de revenus et de nourriture. De nos jours, quelques grands élevages produisent d'excellents pigeons pour les restaurants. Quelques fermiers continuent un modeste élevage naturel pour la table du particulier, mais ils sont rares et discrets.

• Généralités

Les pigeons se reproduisent en toute saison, le mâle apportant les matériaux, la femelle confectionnant le nid. Les premiers accouplements ont lieu vers l'âge de 10 à 12 mois.

Quelques jours après l'accouplement (de 8 à 15 jours), la femelle pond deux œufs à un jour d'intervalle. Les parents couvent alternativement les œufs, la femelle matin et soir, le mâle en milieu de journée, la nuit étant assurée par le couple. L'incubation dure entre 16 et 18 jours.

Jeunes et fragiles à la naissance, aveugles et couverts d'un duvet jaune clair, ils sont protégés par les parents, qui les réchauffent et commencent à les nourrir en dégorgeant, dans le bec du pigeonneau, du « lait de pigeon ». Le lait de pigeon est une sécrétion laiteuse du mâle comme de la femelle, issue du jabot des parents, qui transforme les aliments en bouillie. Les pigeons doivent s'abreuver souvent et plusieurs fois par jour ; cela est vital quand ils ont des petits à nourrir. Au bout du premier mois, les parents nourrissent de moins en moins le pigeonneau, afin de l'inciter à s'alimenter tout seul. Vers 28 à 30 jours, le pigeonneau est prêt pour l'envol.

Le pigeon est relativement omnivore ; il recherche les graines rondes ainsi que les fruits, le pain et les petits mollusques. Ayant un besoin en sels minéraux, il picore les vieux murs à la recherche du salpêtre. Autrefois, une queue de morue salée était suspendue dans le pigeonnier.

• **Les différentes races de pigeons en Midi-Pyrénées:**
Le pigeon ramier ou palombe, qui est le plus grand. Il possède un plumage bleu-gris, rosâtre sur la poitrine, et une tache blanche sur le côté du cou. De larges croissants blancs apparaissent en vol sur ses ailes. En automne, il migre en vols immenses, passant au-dessus des Pyrénées vers la péninsule ibérique pour hiverner.

Le pigeon biset, ancêtre du pigeon de ville ou domestique, a un plumage gris-bleu, et les ailes sont fortement barrées de traits noirs. C'est une espèce qui a été domestiquée et qui a donné naissance à de nombreuses races élevées soit pour la chair, soit pour l'agrément.

Le pigeon colombin est le plus petit et possède un plumage à dominante bleutée et gris-violet, avec un éclat métallique sous le cou. Ce pigeon préfère les bois non exploités, de feuillus de préférence. Il s'installe parfois dans les grands parcs.

Le pigeon voyageur est un oiseau de l'ordre des colombiformes. Son plumage dense, son corps et sa musculature adaptés font de lui un voilier capable de parcourir 800 km sur la journée. Il vole à la vitesse de 50 km/h avec fort vent de face et peut atteindre 120 km/h par fort vent poussant. Certaines races de pigeons d'élevage peuvent à peine voler. À l'inverse, le pigeon voyageur est sélectionné pour sa résistance et ses capacités pour la course.

Leur habitat naturel en campagne ayant tendance à disparaître, les pigeons se réfugient de plus en plus vers les villes, où ils trouvent de la nourriture en abondance. De ce fait, ils contribuent à la dégradation des bâtiments et aux salissures des villes, par la déjection de leur fiente. Dernièrement, il a été envisagé, dans la ville d'Albi (81), de restaurer des pigeonniers abandonnés afin de pouvoir y accueillir des pigeons, dans l'optique de faciliter la régulation des naissances, en récupérant les œufs pondus dans ces pigeonniers.

Indissociable de notre patrimoine culturel, témoin d'un passé tout à son honneur par la construction de superbes pigeonniers, il demeure un symbole de liberté et de fidélité. C'est ainsi que, pour rendre hommage aux pigeons et aux colombophiles, un timbre leur a été consacré.

L'écomusée du Mont royal de Lombers (81)

Implanté sur la commune de Lombers (81) près de Réalmont, l'écomusée vous invite à découvrir un oiseau bien mal connu. À la partie élevage produisant du pigeon de chair, l'écomusée ajoute le patrimoine bien vivant des races de pigeons qui ont traversé l'histoire et la découverte de colombidés sauvages, issus du monde entier, dont certains sont en voie de disparition. Pigeons de chair, de sport, d'agrément, tourterelle, palombe ou voyageur se côtoient dans des volières et dans un surprenant pigeonnier contemporain d'où sortiront des pigeons qui évolueront pour votre grand plaisir.

1

2

3

1- Vitrail de l'église de **Miremont (31)** sur lequel est inscrit le nom de son bienfaiteur M. Bioussa aïeul de l'auteur.

2- **Merville (31) :** Tout près l'un de l'autre mais très opposés quant à leur type de construction. Octogonal sur piliers massifs pour l'un, tour carrée très effilée de type baroque pour l'autre.

Histoire de pigeons, de détenus et de vitraux

1

Il m'a été raconté une étrange histoire qui se rapporte à l'élaboration des vitraux qui ornent de nos jours les églises, les cathédrales et les abbayes. Au Moyen Âge, des détenus de droit commun furent emprisonnés dans certaines abbayes et furent nourris tous les jours avec la viande des pigeons du lieu de détention. Cette chair, aussi succulente qu'elle soit, doit être consommée avec modération. Elle peut provoquer assez rapidement certains maux, dont l'acide urique, par exemple, les poussées de goutte, etc. De ces détenus, nourris exclusivement de pigeons, étaient récupérées les urines, qui servaient ensuite à fixer les couleurs sur les vitraux, et notamment la couleur jaune. Les détenus ne pouvant supporter un tel régime, il s'ensuivait une mort rapide.

J'ai retrouvé une histoire similaire dans un livre remarquable consacré aux pigeonniers de la région de Millau, livre réalisé par M. Fages André et l'Association régionale Los Adralhans *Colombiers & Pigeonniers,* qui disait : « On raconte qu'au xve siècle, on nourrissait des prisonniers avec des pigeons morts. En effet les corps des malheureux volatiles possédaient une qualité chimique : ils contenaient de l'acide. Et bien sûr, cet acide se retrouvait dans les urines des détenus, urine précieusement récupérée par les maîtres verriers qui l'utilisaient pour fabriquer leur "grisaille", une matière destinée à peindre le verre. Les prisonniers, eux, tombaient comme des mouches : manger du pigeon tous les jours… »

2

BIBLIOGRAPHIE

- *Colombiers des provinces françaises*, Raymond Laurens, Éditions Alpes de Lumière, 1967.
- *Pigeonniers de France*, Dominique Letellier, Éditions Privat, 1991.
- *Les Pigeonniers tarnais*, Henri Astruc, Imprimerie Coop, Sud-Ouest Albi, 1983.
- *Les Pigeonniers de la terre d'oc*, Paul Mesple, 1930.
- *Questions notables de droit du parlement de Toulouse*, Simon d'Olive, 1682.
- *Couleur Lauraguais*, CL n° 14, Jean Odol, 1999.
- *Pigeonniers de La Bastide*, G. Odo, Sla n° 348, 1994.
- *Colombes et Pigeonniers*, Marcel Debouys (maire de Corbarrieu, 82), 1999.
- Dictionnaire raisonné de l'architecture française du XIe au XVIe siècle, t. III, Viollet-le-Duc, 1868.
- Documentaliste M. G. Duchayne, Valence-d'Agen, (82).
- *Découverte des pigeonniers de l'Aube*: photos de l'AASEA, 1994.
- *Colombiers & Pigeonniers*, M. André Fages, Association Los Adralhans, 1998.
- *Les Épis de Faîtage en France méridionale*, Paul Duchein, Éditions Massin, 2003.

COMMUNES DES PIGEONNIERS CITÉS

Ballach (82), Beaumat (46), Beaumont (82), Belfort (46), Blagnac (31), Bourret (82), Brens (81), Broze (81), Cadalen (81), Canals (82), Carbonne (31), Castelnau (31), Caussade (82), Caylus (82), Cayriech (82), Cazes-Mondenard (82), Cépet (31), Cintegabelle (31), Colomiers (31), Concots (46), Corbarrieu (82), Cornebarrieu (31), Couffouleux (81), Donnazac (81), Espalais (82), Faycelles (46), Fayssac (81), Figeac (46), Fonneuve (82), Fons (46), Fonsegrives (31), Garidech (82), Gigouzac (46), Graulhet (81), Grenade (31), La Lande (82), La Bastide-Lévis (81), La Bastide-de-Penne (82), Lacapelle (46), Lafrançaise (82), Lalbenque (46), Lapenche (82), Laroque-Toirac (46), Lavaur (81), Lavaurette (82), Lavergne (46), Lavit-de-Lomagne (82), Le Verdier (81), Lejos (81), Les Perches (82), Lévignac (31), L'Isle-Jourdain (32), L'Isle-sur-Tarn (81), Lombers (81), Marsac (81), Meauroux (46), Merville (31), Miremont (31), Mondragon (81), Montalzat (82), Montamel (46), Montans (81), Montauban (82), Montdoumerc (46), Montech (82), Monteils (82), Montgeard (31), Mouillac (82), Nohic (82), Orban (81), Orbessan (32), Ordizan (65), Ox (31), Pechbonnieu (31), Pessoulens (32), Pins-Justaret (31), Pommevic (82), Pompertuzat (31), Pompignan (82), Pouzols (81), Prudhomat (46), Puylaroque (82), Ramonville (31), Saurs (81), Servanac (82), Saint-Antonin (82), Saint-Georges (82), Saint-Julien (82), Saint-Martin-Caussanille (82), Saint-Pierre-de-Conils (81), Saint-Pierre-Toirac (46), Saint-Sardos (82), Toulonjac (12), Tournefeuille (31), Toulouse (31), Valeilles (82), Valence-d'Agen (82), Valzergues (12), Verdun-sur-Garonne (82), Villeneuve-lès-Bouloc (31), Villate (31).

REMERCIEMENTS

Je tiens à remercier tous les propriétaires des pigeonniers qui figurent dans cet ouvrage, car ils m'ont laissé toute la liberté que je pouvais espérer pour me permettre de prendre les meilleurs clichés. Certains ont été étonnés que je puisse porter un intérêt particulier à leur petit patrimoine ; et c'est ainsi que j'ai pu recueillir des renseignements et des anecdotes. D'autres, par pudeur ou par timidité, n'osaient pas trop me parler, mais ils me laissaient tout loisir pour photographier ce que je voulais. Merci encore de leur collaboration et de leur complicité.

Si certains sont amenés à lire ce livre, ils ne retrouveront peut-être pas leur pigeonnier. En effet, j'ai dû faire une sélection d'environ 250 photos sur un peu plus de 1 500 clichés pris au cours de randonnées ou de promenades touristiques. Cela n'enlève nullement l'intérêt que je leur porte.

Je tiens à remercier aussi : Mme Delmouly Denise, présidente du Festival Résonances de l'abbaye de Vauluisant (89), instigatrice de ma première exposition.

M. Duchayne Georges, de Valence-d'Agen (82), pour son encouragement à la concrétisation de ce livre, son apport de nombreux documents, ainsi que pour sa connaissance de l'implantation des pigeonniers en Tarn-et-Garonne.

Marie-France Bioussa, professeur d'Arts Plastiques, pour ses conseils en architecture.

M. Paul Duchein pour le prêt de ses photos m'ayant permis la réalisation des pages sur les épis de faîtage.

Christiane Seguin, universitaire géologue, artiste peintre, plasticienne, pour son aide à la réalisation de la maquette.

Marc Laferrière, jazzman de renom et intéressé par ma passion, qui me mit en relation avec Mme Delmouly.

M. Lucien

Double page suivante : **Saint-Pierre-de-Conils (81)** : Très belle perspective du pigeonnier tour ronde, avec son clocheton qui rappelle celui de l'église de ce tout petit hameau.

Direction d'édition : Thierry Lamarre
Réalisation, textes et photographies : Michel Lucien
Conception graphique - mise en pages : Either studio
Conception de la couverture : Either studio

Éditions Massin
Publiées par Société d'Information et de Créations - SIC
Une société de Marie Claire Album
10, bd des Frères-Voisin 92792 Issy-les-Moulineaux CEDEX 9 - France
Tél. 01 41 46 88 88
R.C.S. Nanterre 302 114 509 SARL au capital de 3 822 000 euros

N° ISBN : 978-2-7072-0838-5
N° Éditeur : 38369
Imprimé par G. Canale & C., Bucarest, Roumanie
Dépôt légal :février 2014

www.massin.fr